仰望星空，宁静致远，追求教育的理想与信念；

掩卷而思，淡泊明志，品味人生的真谛与内涵。

谨以此书献给全市为教育事业辛勤耕耘的人民教师！

中共武汉市委教育工委

武汉市教育局

二〇〇九年教师节

教师的诗意生活与专业成长

肖川 著

新华出版社

图书在版编目(CIP)数据

教师的诗意生活与专业成长/肖川著.
—北京:新华出版社,2009.9
ISBN 978-7-5011-8914-4

Ⅰ.教… Ⅱ.肖… Ⅲ.教育—随笔—中国—文集
Ⅳ.G52-53

中国版本图书馆 CIP 数据核字(2009)第 153707 号

教师的诗意生活与专业成长

责任编辑:庆春雁
出版发行:新华出版社
网　　址:http://www.xinhuapub.com
地　　址:北京石景山区京原路 8 号
邮　　编:100040
经　　销:新华书店
印　　刷:北京市铁成印刷厂
开　　本:880mm×1230mm　1/32
印　　张:9
字　　数:210 千字
版　　次:2009 年 9 月第一版
印　　次:2009 年 9 月第一次印刷
书　　号:ISBN 978-7-5011-8914-4
定　　价:25.00 元

本社购书热线:(010)63077122　中国新闻书店电话:(010)63072012
图书如有印装问题,请与印刷厂联系调换　电话:(010)80366605

目录

第一辑

诗意地生活

第四辑

教师的学习与成长

第五辑

聚焦课堂

第六辑

我的教学主张

第 一 辑

诗意地生活

1 着力提高教师生活的幸福指数

作为教师,我们生活的幸福指数的高低究竟用什么样的指标体系来检测呢?这个指标体系应该有这样两个一级指标:身心愉悦的程度和精神充实的程度。前者意味着是否有疲惫感、压抑感、挫败感、沮丧感,这些消极的体验都可以导致教师对职业的倦怠感。后者意味着教师是否有归属感和成就感。

教师比较好的生存状态和精神面貌就是精力充沛、信心十足、情绪饱满、热力四射,并能真切地感受到工作的价值和意义,觉得有成就感。现在不少老师感到压力大,常有力不从心、沮丧、焦虑、情感枯竭之感,感到"脑子是满的,心却是空的;时间是满的,心却是空的"。帮助这些教师从工作压力和职业倦怠中解放出来,让他们能够感受到生活的美好和劳动的快乐是学校工作的重中之重,全社会都需要为此作出努力。

究竟哪些因素会影响到我们教师生活的幸福指数呢?我想至少有这样 17 个因素。如果我们能够清醒地理解、认识这些因素对我们生活的影响,我们就找到了改进学校工作、着力提高教师生活的幸福指数的一些着力点和"抓手"。

(1)待遇。待遇不仅仅是薪水,待遇是个多元的概念,包括三险等。待遇中非常重要的因素是薪水,但又不仅仅是薪水。正如我们经常讲的,培训是最大的福利。努力提高教师的待遇,不仅仅是学校的职责,更是我们政府的责任。

(2)学校中的人际关系。学校中是不是充满了公平与正义,人与人之间的关系是不是融洽、和谐。大家想想全世界有60多亿人,但是真正能够影响我们喜怒哀乐的人都在我们的身边,这些人中很重要的就是我们的同事。对于我们的感受来说,小环境比大环境更重要。学校中的人际关系好不好,校长起着关键性的作用,每一个教师也都可以为营造良好的人际关系氛围贡献力量。

(3)教师的劳动强度。简单地说就是教师的工作量。现在老师们,特别是中学教师的工作量都偏大,所以我们的确有一个解放教师的问题。随着社会的进步,我们怎样缩小班级规模,减少课时量,进而减轻教师的劳动强度,这应该是我们努力的一个方向。当然,这首先也是政府的责任。

(4)教师的专业自主权。什么叫做教师的专业自主权呢?就是教师这个职业作为一门专业,它的从业人员所拥有的权利。我们作为人,有人权;作为公民,有公民权。那么我们作为一个职业的专业的人员,有专业权利。教师的专业权利包括教什么和怎么教(当然这是一个有限权利,特别在中小学教师,他们的教育对象的认知发展水平、知识和经验背景决定了不可能享有太大的自主权),还包括参与教育探索和发表教育研究成果,参与学校的制度建设,对学生的奖励与惩罚,对学生学业成绩的评定等这样的一些权利。我想作为校长,包括我们作为教师,认识到教师的这些应该享有的专业权利是很有价值的。我们教师怎样更好地去维护自己的权利,我们的校长怎样做到更好尊重教师的专业自主权,对于促进教师的专业发展和提高教师生活的幸福指数都有重要意义。

(5)教师的专业素养。专业素养就包括专业精神,专业知识和专业技能。教师的专业素养会影响到教师作为生活者的幸福感,我想那就是因为同样的工作任务如果你的专业素养比较高,你就更能够感受到那种举重若轻,游刃有余,胜任愉快,就能够很好地享受工作过程的乐趣。更重要的是,如果你的专业素养比较高,你就能更多地得到领导的赏识,同行的尊重,学生的爱戴和家长的信任。在你所归属的团队中就能够享有更加良好的个人声望,更好地满足你自尊的需要。

第四个因素和第五个因素是互为因果、相互影响的。如果你的专业素养比较高,领导就会对你有更多的信任,从而使你享有更多的专业自主权。而当一个老师享有更多的专业自主权,他发展的空间就会比较大,施展个人聪明才智的舞台就会比较宽广,从而能够获得更好的专业的成长。

(6)学校的物质生活环境。环境,包括校内环境和周边环境。学校是不是整洁、干净、亮丽、宁静、舒适,对于生活于其中的每一个人来说都很重要。如果走进一个学校乱糟糟的,非常喧闹,我们老师一定会感觉不好。周边环境如何也不可忽视,所以包括学校的选址,应该选择比较宁静、有序和治安状况比较好的地方。让学校成为一个温暖的家,学校物质环境也是重要的一个方面。保持学校的整洁和干净,我们学校中的每一个人都有责任。

(7)学校的硬件建设。包括教学仪器设备、健身器材等,是不是用起来顺心顺手,富有效率和效益。

(8)教师职业的稳定感和安全感。教师这个职业,是不是稳定的,是不是享有职业安全的,对于教师的心理安全有重要影响。过去在一些地方,普遍盛行的末位淘汰制,其实是一个非常粗暴的和简单的做法。这样不能够很好地带给教师职业的安全感。因为你单纯地按照这种线性排队,那总会有人排在最后。比较合理的做法应该是为我们的教师确立起一个职业的基本标准,即职业基准。只要一个老师达到了职业的基本要求,他就应该享有职业安全。当然,过于稳定也容易导致有些教师不思进取,得过且过。所以,应该建立起一个好的机制,把握好一个合理的度。

(9)教师职业的社会声望。教师职业的社会声望是有不同层级的。比如说大学教师也是教师,大学教师的社会声望就更高一些,对于职业的自我认同感也会更强一些。原因是什么,原因就是大学老师的入职条件要求更高。所以一个职业的从业人员的资质怎么样,会影响到这个职业的从业人员的社会声望。所以我们要不断地提高我们中小学教师的入职条件,比如说提高学历层次。尽管学历不等于能力,但是从统计学上,更高的学历对于个人来讲,更有可能发展他更强的能力。

教师的社会声望不仅会影响到教师的自我认同,也会影响教育的效率。所以从这一点来讲,我们每一个教师,无疑包括校长,都有责任来自觉地维护我们教师良好的社会形象。如果我们的学生感觉教师是一个不正直、不光明、学问与品行有问题的人,那我们对学生的要求、对学生的教育影响就会大打折扣,甚至事半功倍。

值得欣慰的是,据发表于 2007 年 9 月 10 日《中国青年报》一项有全国各地 1089 名读者参与的调查显示,在公众眼中,教师的形象仍然是积极正面的——91.5% 的参与者认为,教师是一个值得尊敬的职业。

(10)生源素质。学生的素质会影响到教师教学、教育过程中的感受,包括学生有没有良好知识经验的背景,有没有良好的文明礼貌习惯,有没有良好的学习习惯等。

学生的素质是由什么决定的呢? 在很大程度上是由家长的素质决定的。在 20 世纪 60 年代,英国的学者就提出了一个克劳顿报告。这个报告得出的非常重要的结论就是,影响学生学业成绩有三个因素,其中第一个因素就是家长的文化素质,第二个因素才是教师的素质，第三个因素是学校的课程设置和硬件设施。这个结论得到了后来其他学者研究的支持和证实。

为什么家长素质会那么重要呢？因为我们今天的孩子在成长中受两个经验系统的影响，一个是家长所带给他的日常生活经验系统，一个就是学校教育带给他的这种精英文化的经验系统。家长的素质会影响到他对什么问题感兴趣，怎么去思考问题，用什么样的语言表达，待人待事是一种什么样的态度。无疑文化素质比较高的家长，他所表现出来的一切会与学校所倡导的、所带给儿童的非常相近，从而使得这两个经验系统——日常生活经验系统和学校教育带给他的经验系统，相互促进、相得益彰，从而能够使得孩子获得比较好的发展。

（11）对教师的评价。这涉及两个问题：第一是评价的指标体系是不是科学；另一个就是评价的过程是不是民主，也就是评价的过程教师是不是能够参与。有个比喻说得好：评价机制好比是杠杆撬动物体时的支点。这个支点的位置，直接决定杠杆撬动的难易程度。一套好的评价机制，往往能起到"四两拨千斤"的作用。

所以我建议校长们，对教师每一个学期都应该有一个评价，这个评价由谁来做，由学校的中层领导，比如说教研组组长，年级组组长。为什么要由他们来做呢？因为这个评价应该建立在对教师日常表现非常具体、清晰了解的基础上。这个评价过程中首先应该有一个非常正式的面谈，这个面谈应该是一小时左右，首先给教师一个对自我工作状况的总结、回顾、反思、评价的机会，然后这个评价者基于你平时对教师的了解，和我们对这个教师的岗位职责的要求，来对他做一个带有鼓励性质的、中肯的评价。

如果一个老师几年下来他的评价都是很棒的话，那我们可以考虑，两年或者更长的时间，对这个教师评价一次，不必每学期。我们倡导的发展性评价，就是为了更好地激励教师成长的评价。

（12）学校制度。学校制度是不是比较人性化，是不是充满了温暖的、关爱的，会影响到每一个教师对于学校生活的感受。让教师参与学校的制度建设，会让教师更多的体验到作为学校的主人翁这样的一个感觉，会使得教师更好地明了，更好地理解学校制度存在的必要性，从而有助于增强他们遵守学校制度的自觉性，有助于增强学校的亲和力与凝聚力。

（13）学校的声誉。如果一个教师所在的学校社会的认可度、美誉度比较高，他就会有更多的职业自豪感，对于所归属的团队有更高的认同。反之，则可能羞于承认自己是该校的教师，对学校进行公平合理的评价，自觉地维护学校良好的声誉，改造薄弱学校，促进教育公平，对于提高那些薄弱学校的教师生活的幸福指数非常必要。

（14）社会期望。对于教育，过高和过低的社会期望都不利于教师生活幸福指数的提高。过高，会使得教师面临比较大的心理压力；过低，又会使得教师感受不到职业的社会价值。

（15）教材质量。教材编得好不好，无疑会影响教师在备课和教学过程中的感受。比如，是否有合理的逻辑线索，难易程度是否合理，选文或例题以及习题设计是否精当等。

（16）课程资源可开发和可利用的程度。如果课程资源非常丰富，可利用的程度很高，那我们的教师就更能感受到左右逢源、如鱼得水；相反，就会有力不从心、捉襟见肘、"巧妇难为无米之炊"的感觉。一所学校课程资源的丰富程度受许多因素影响，特别是社会发展水平，社区的文明程度的影响。当然，学校也应高度重视课程资源的建设。

（17）教师的健康。健康对于我们每一个人都很重要，为什么我把它放在最后一点呢，那就是因为教师的健康受更多因素的影响,比如说受遗传因素的影响,但学校也可以在改进教师的健康状况方面作出努力。

　　这 17 个因素,对于不同的教师来说,在价值排序上可能会有所不同,也就是说,这些因素对不同的教师其影响程度会不同,这取决于每个教师的价值观、生存境况、生命境界。但可以肯定这 17 个因素对所有教师生活的幸福指数或多或少会产生影响,影响到一个教师对于职业的安全感、认同感、成就感以及最终的幸福感。这里讨论的 17 个因素,主要是学校教育情境中影响教师生命质量的因素。教师生活的幸福指数的高低还会受到家庭的社会经济地位、家庭成员的健康状况和家庭成员之间的感情状况等因素的影响,但这些因素是学校难以掌控的。那也就是说,我们可以在这 17 个因素方面去做出努力,这都是我们工作的着力点。我反复强调的,就是一定要关注师生校园生活的质量。一个好校长,要做的一个重要的工作就是,要使我们的学校首先对教师来说变得更有吸引力、更有亲和力。

2 生命的境界

哲学史家冯友兰（1895—1990）先生曾在《人生的境界》一文中说："我们可以把各种不同的人生境界划分为四个等级。从最低的说起，它们是：自然境界，功利境界，道德境界，天地境界。"依照孟子的伦理理想，人所追求的有这样几个层次："可欲之谓善，有诸己之谓信，充实之谓美，充实而有光辉之谓大，大而化之之谓圣，圣而不可知之之谓神。"（《孟子·尽心章句下》）这也不妨视为孟子眼中的人生的不同境界。

人生的境界，即人的生命境界，这是每一代人都必须面对的问题。因为"人被宣称为应当是不断探究他自身的存在物——一个在他生存的每时每刻都必须查问和审视他的生存状况的存在物"（恩斯特·卡西尔《人论》，上海译文出版社，第8页）。

今天生活在这个世界上的人，大约有60多亿。按照其生命的境界大概可以分为三类：为生计而奔波忙碌的人；摆脱了生存危机为欲望的满足而苦心钻营的人；为追求自我实现、追求永恒而不懈努力的人。

一个人生命境界很大程度上是由生活境况决定的。因为没有人能够将自己没有的东西给予别人。要一个尚在温饱线上挣扎的人去追求崇高的生命境界不仅是强人所难，也是残酷的，不人道的。所以，中国传统的思想家，一味地推崇崇高人格，而无视整个社会的文明程度,无视人们的社会现实生活的处境,最终导致的是整个社会的普遍虚伪。

可的确有一部分人已经没有了生存危机,甚至可以说经济上还比较富有,但他们整天地钻营,无非是为了满足一种低俗的欲望。有些人的欲望像墙根下的小草,终年处在阴暗之中,对这样的欲望,应该给它播撒点阳光和水分;有些人的欲望,像蓬勃的树,由于光合作用充分,生长得很贪婪,旁枝斜出,甚至直刺青天,对这样的枝蔓,就有修剪的必要。那些贪官就属于后一种人。

在我看来,生命的最高境界就是生活在自己的情怀里,为有价值的目标不懈地努力,"举世而誉之而不加劝,举世而非之而不加沮,定乎内外之分,变乎荣辱之境"(《庄子·内篇·逍遥游第一》)。这是只有清晰的自我认识,有积极的自我形象,有高度统一的自我和生活哲学的人才能做到的。有崇高生命境界的人,把追求永恒作为自己的人生目标,通过"立德"、"立功"或"立言"去实现,他会铲除一切妨碍他通向最高目标的事务,执著地、心无旁骛地追求自我实现,追求生命的意义。

而只有一个追求生命意义的人才可能是一个有生命境界的人。在我看来,人的生命的价值就在于:在多大的范同内、多大的程度上给人以积极的影响。这其中有三个变量:影响人群的广度、对人深度和对人影响的积极程度。一个人生命的价值就是这三者的乘积。而生命的意义是我们对于生命价值的内心体认。

追求生命的境界,是一个不断超越自我的过程。这伴随着对于自我的不断深化和完整的认识。认识自我是人的自我意识的集中表现,并突出的表明人是一种自觉自为的存在物。因此现实的人无可规避地生活在二重性中:人不仅生存于当下可感的境遇中,人也超越可感的当下为自己设想和规划一种更值得作为自己生存之所的世界,而且这种设想和规划不是一次性完成的,当起先的价值目的通过人的对象化获得相当程度地如愿以偿之后,人的心灵又会从这既成的新境中跃起,为自己设想并规划更新的天地。

我常常和我的朋友们谈论这样的话题:我们已经是衣食无忧了,甚至可以说功成名就,还有什么值得我们去追求呢? 仔细地体察自己的内心,都会得出同样的答案——惟有生命的境界值得追求。想起那些贪官,他们都是些有着优越的生存境遇的人,却没有应有的生命境界,他们是不幸的,是上帝的弃儿。因为贪婪是最真实的贫穷,内心的充实才是最真实的富有。一个人拥有的真正财富是既不能通过掠夺来获取,也不能被剥夺而失去。当一个人真正觉悟的那一刻,就是他放弃单纯追寻外在的财富,而开始追寻他内心世界的真正财富的时候。

在一个功利和浮躁的社会中,人们被操纵、复制成了千人一面、万众一辞,学历、职称、高薪、房子、牌子、票子、汽车,成为许多人奋斗和追求的目标,成为人生的唯一意义。而更多的人为了一点点蝇头小利,不惜与别人攀比、明争暗斗。人们每天煞费苦心、操劳忙碌,被焦虑、恐慌搞得心烦意乱、精疲力竭,不过是想让社会承认自己,想让社会和"管制者"接受自己、容纳自己,人们哪里还会想到什么生命的境界和人生的意义? 想到这些,我是多么的庆幸。感谢命运,感谢生活。

3 信·望·爱

　　信必得救,凶信称义(Justification by Faith)是新教(即我们中国人所称之为的基督教)的三大教义之一,谓人要想得到上帝的拯救,不在于遵守教会的律法和礼仪,而在于对上帝的信心。信,包括信仰、信念和信任。我相信每个人心中都有一颗信仰的种子。正如赫舍尔所指出的:"对有意义的存在的关切是做人所固有的——它是强大的、基本的、发人深思的,存在于每个人的内心。"①

　　人是一种高贵的存在。人并不是一只硕大的"白鼠",也不是有待涂鸦的"白板",作为万物之灵,人类永远生活在自己的思想和信仰的世界中。"没有超越,不能超越个人,我们就会成为病态的、狂暴的和虚无的,要不然就会成为失望的和冷漠的。我们需要某种'比我们更大的'东西作为我们敬畏和献身的对象,这是就一种新的、自然主义的、经验主义的、非宗教的观念说的,或许正如索罗和惠特曼、詹姆斯和杜威所说的那样。"②"如果没有内在的权威,我就只能屈从外在的权威,而这种外在的权威仅仅

---

① 赫舍尔著,隗仁莲译:《人是谁》,贵州人民出版社,1994 年,第 58 页
② 〔美〕马斯洛:《存在心理学探析》,云南人民出版社,1987 年,第 6 页

是一种强制力。"①信仰是个体道德赖以生发和存有的根据。

信念使人勇敢，专注，用力，竭尽所能。在我们竭尽所能的时候，灵魂会闪出最美的光彩。没有信仰，就没有信念；没有信念，就没有节操。鲁迅先生说过："看看中国的一些人，至少是上等人，他们对于神、宗教、传统的权威是'信'和'从'呢，还是'怕'和'利用'？只要看他们的善于变化，毫无持操，是什么也不信的，但总要摆出和内心两样的架子来。"②

没有人会否认人与人之间信任的重要作用。信任在促进冒险精神、革新和实验、构成健康的合作的关系方面扮演着关键的角色。人与人之间信任建立在共同的信仰和信念的基础上，建立在伦理的基石之上，它们表现在个人参与权的扩大、公开对话、对多元思想的尊重、共同的价值观和团队的愿景上。

希望是萌发人间奇迹的无垠沃土，希望是点燃生命之火的灿烂阳光。人生如果没有了希望，也就没有了奋斗、坚持和拼搏。"你能看多远，你就能走多远。"希望是栖息于灵魂中的一种会飞翔的东西——它总是默默地歌唱——永不停歇。

"自我认识是自由的开端，唯有当我们认识自己，才能带来秩序与和平。"③"上帝赐给人两样东西——希望和梦想——来减轻他的苦难遭遇。"（伏尔泰）如果没有定位，我们每天清晨起来将茫然四顾；如果没有目标，我们终日忙碌将毫无意义。

"未来不仅是一个映像，它成了一个'理想'。"而"思考着未来，生活在未来，这乃是人的本性的一个必要部分"④。"今天如

---

① 〔德〕雅斯贝尔斯：《什么是教育》，北京三联书店，1991年，第78页

② 《鲁迅全集》，第3卷，1981年，第241页

③ 〔印度〕克里希那穆提著，张南星译：《一生的学习》，群言出版社，2004年，第59页

④ 〔德〕恩斯特·卡西尔著，甘阳译：《人论》，上海译文出版社，1985年，第69、68页

果不生活在未来，那么，明天你将生活在过去"，要想掌握未来，就必须了解未来，要想赢得未来，就必须把握未来。希望会帮助你正确地对待生活——即使坠入忧伤、迷茫、恐惧的黑夜也保持乐观的心态，仍能看到光明。生命中山穷水尽和柳暗花明的时刻通常难以区分。

希望之灯一旦熄灭，生活将变得一片黑暗。希望能让人生无比精彩和辉煌。特别是当人们遭遇境遇性危机（situational crisis）的时候（当出现罕见和超常事件：如交通意外、突发自然灾害、被绑架、被强奸、失业、突然的疾病和亲人亡故，且个人无法预测和控制时出现的危机），惟有信念与希望会使我们渡过难关。

"人从不满足于周围现实，始终渴望打破他的此时——此地——如此存在的界限，不断追求超越环绕他的现实——其中包括他自己的当下自我现实。"[1]正是我们心中的希望引导我们走向生命的新的境地。因为，成功源自心中的希望与信念。关于自我激励，心理学家弗洛姆曾总结出这么一个公式：$M = V \cdot E$。在这里，M 指个体从事某项活动积极性的大小，称为激励水平；E 指某一特别行为会导致一个预期结果的概率，称为期望值；V 指人们在主观上认为奖酬的价值大小，称为效价。所以只有具有必胜的信念、强化成功的对于人生的意义才能成功！

什么是爱？《圣经》是这样说的："爱是恒久忍耐，又有恩慈；爱是不嫉妒，爱是不自夸，不张狂，不作害羞的事，不求自己的益处，不轻易发怒，不计算人的恶，不喜欢不义，只喜欢真理；凡事包容，凡事相信，凡事盼望，凡事忍耐；爱是永不止息。"[2]爱，有种种表现，包括欣赏、尊重、鼓励、关怀、责任、给予等，也包

---

① 〔德〕马克斯·舍勒：《人在宇宙中的地位》，上海文化出版社，1989 年，第 43 页
② 《新约·哥林多前书》第 13 章

括为你的任何错失,为你的任何疏忽,庄重严肃地向被伤害的人说声"对不起,我感到不安,我很抱歉和内疚"。正如蒂里希(P. Tillich)所言:"尽管爱这个词在文学和日常生活中遭到种种的滥用误用,但它并未丧失其情感上的力量。只要使用这个词,它所引起的都是温暖、热情、幸福、完满的感觉。它使人想起过去的,或现在的,或所期待的被爱的场合。"①

德兰修女常说:"我们常常无法做伟大的事,但我们可以用伟大的爱去做些小事。"②北宋哲学家张载提出"民胞物与"的思想命题,意思是说人民都是自己的同胞,动物和植物都是自己的朋友或伴侣。一个缺乏爱的社会必定充满了冷漠和歧视。君不见,现实生活中的一些"得意笑他人,失意他人笑",让人感到的是世态炎凉和丛林法则,而不能让人感到人与人之间的温暖和关爱。

爱是一种情愫,你可以感觉,却没法制造。只有当我们心中有爱,我们才能让人感觉到爱的光华。我们都是只有一个翅膀的天使,只有拥抱在一起才能起飞。而只有爱才能让我们拥抱。爱无法让人生之路变得平坦,但它能让人生之旅变得更有意义。让我们记住一生都在播撒爱的阳光的冰心老人的话吧:"人类啊! 相爱吧,我们都是长行的旅客,向着同一的归宿"。

> 不管天有多黑,
> 星星仍在那里闪耀。
> 不管夜有多长,
> 黎明早已在那头盼望。
> 不管山有多高,
> 信心的歌,

---

① 何光沪选编:《蒂里希选集》,上海三联书店,1999 年,第 292～293 页

② 华资:《德兰修女传——在爱中行走》,山东画报出版社,2005 年,第 12 页

把它踏在脚下。

不管路有多远，

心中有爱，

就能走到云端。

谁能跨过艰难，

谁能飞越沮丧，

谁能看到前面仍然有梦可想。

上帝的心看到希望！

你的心中要有眼光，

啊，你的心中要有眼光。

这首歌的名字叫《眼光》。我不知道这首歌词的作者是谁，但字里行间的宗教情怀是不难感受得到的。基督教的"信、望、爱"渗透在其中。她告诉我们要有信心，要始终抱有希望，要相互关爱，在这首歌中充盈着一种高贵、醇美的情操。

4 积小成以成大成

对成功的渴望，是生命成长健康的内驱力。用马斯洛的理论来解释，就是追求自我实现。一个社会，成功的人愈多，社会就愈有活力。马克思说："每一个人的发展是所有其他人发展的条件"，因而，每一个人的发展和自我实现，就是其职责和使命。

每一个成功的人都会有自己成功的人生策略。今天，也许我还算不上一个特别成功的人，但我相信总有一天我会取得比较好自成绩。我人生的策略便是：积小成以成大成。

一个好的社会，也是能够给人以梦想，能够唤起、激发人们成就动机的社会。倘若一个社会中人们只能听天由命、苟且偷生，这样的社会就会死水一潭。市场经济激活了人们对财富追求的欲望，整个中同社会在一定程度上显示出拜金主义和浮躁之风。这当然不是一个理想的社会状况，但毋庸置疑是我们的社会仍然在进步，在朝着一个更好的社会的方向前进。

对我而言，所谓"小成"就包括：一个概念的形成，一个命题的提出，一个有意味的表达，一个有探究价值主题的发现；而这些更可能表现为一篇随笔的创作，一本著作的出版，一个针砭时弊的建言，如"期待官员从学界退场"；对事务明晰的分类，如"学术能力"包括哪几个方面；对一个社会现象的分析，如"是什么妨碍了我们说真话";甚至也包括对一本好书的评价,对一个优秀著作者的鼓励和扶持等。我醉心于写一个好的句子,作出一个细腻、充分且合理的解释。而所谓"大成",就是能够代表这个时代告诉我们的后人:我们这一代人对教育的关注,我们的价值观与思想成果,我们的喜乐与伤痛,我们所改变的和我们力图去追求的。而所有这些都只能通过留存的文字来体现。

　　一个人要取得一些小的成绩并不难。难的是有明确的目标追求,并坚持不懈地努力,使每一个"小成"都不游离于最终伟大目标之外。"大成"并非"小成"的量的简单积累。只有当每一个"小成"都作为通向崇高目标的步骤而存在,并一以贯之地蕴含着不渝的信念和思想的精魂,"小成"才能铸就"大成"。美国作家R. W. 爱默生说得再好不过了:"如果一个人能避开所有要深乎众望的想法,虽然他也遵守誓言,但却是以保持那种不矫揉造作、不存偏见、不被私利所诱、不怕威吓的纯真无邪的状态为前提,那么这个人一定是一个不可战胜的人。他将对眼前的种种事情尽抒己见,由于他的意见不是站在偏私的立场而是站在必然性的立场上而发表的,所以它让人听起来如雷贯耳,惊心动魄。"

　　我只能尽我所能极力地呼吁一点什么,比如生命教育,比如公民教育,比如自由社会的建设,比如现代民主政治理念的启蒙。这也是我一生中言说的最重要的主题。任何一个学人的立场同它的理论表述之间,理论表述同它的立场的"再现"之间必然形成一个充满张力的"解释的循环"。也正是在这种"循环"中彰显着其精神旨趣。没有明确而坚定的价值坚守和政治信念的"社会—人文"学术的研究及其表达是没有灵魂的,这样的研究和表达很类似妓女的卖弄风骚,其目的是取悦于人而谋求现实利益。所以,对于"社会—人文"学术研究的"价值中立"或"价值无涉"的宣称,要么是无知浅薄,要么是别有用心。"世界上有七大罪恶,即不劳而获的富有,不顾良心的欢乐,没有品格的学识,没有道德的贸易,不讲人道的科学,不讲奉献的宗教,失去原则的政治。为正确的目的作正确的事就是真成功。"(甘地)

"积小成以成大成"是一种追求成功的策略,也是一种良好的习惯。在电脑中,我至少有五十篇文章没有写完。我的一些文章是一挥而就、一气呵成的,如《什么是良好的教育》、《受过教育的人》、《身内之物与身外之物》、《心存感激》等;也有的文章是慢慢生长的,如《培植教师的民主政治的理念》、《语文教学的策略》、《数学的魅力》等。这就是说,我头脑中至少有五十个"关切点"。当你带着更多的"关切点"去学习和生活时,你的头脑就会更有捕捉灵感和创生思想的能力。

著名明史专家毛佩琦教授说:"中国知识界有一个优秀的传统,那就是'大专家写小文章'。远一点的,如朱自清写《经典常谈》,叶圣陶写《文章例话》,近一点的,王力写《诗词格律十讲》,高士其写的大量的科普读物,华罗庚写《优选法》,等等。一再印行、长盛不衰的《十万个为什么》,其中许多条目也是出于大专家的手笔。我们从中不仅可以看到老一辈学者献身中华文化事业的平民情结,也可以发现只有大专家才具备写小文章的优势。"①我将会有近千篇文章窥探人类的心灵,近千篇文章探讨教育,近千篇文章谈古论今,最终自然而然形成一个思想体系,一种精神祈向。无数的"小成"凝聚成"大成"。这便是我孜孜以求的人生目标。

我所需要的是更丰富的生活,更广泛的阅读和更深入的思考。而能不能创造出传之久远的文字,不仅取决于我个人的学识才情,也取决于社会言论自由的空间。我真诚地期待我们的社会变得越来越民主、自由、公正、和谐与美好。

① 《毛佩琦细解明朝十七帝·第一部》,光明日报出版社,2006 年,第 274 页

5 目标、时间管理与压力应对

任何领域中人的专业成长都关涉到如下三个因素：目标、时间管理与压力应对。教师的专业成长也不例外。

没有目标就没有动力，没有目标也不具有道德意义。"没有目标支持的行动，不是道德的行动，而是机械的行动，真正的道德行为是由智力和意愿引导的行为。"[①]目标，对教师来说，意味着你有没有将"成为一个优秀的教师"作为自己的追求，有没有自己的专业成长的规划，你是一个有进取心的人还是一个得过且过的人。

世界上有梦想的人有太多太多，每天生活在不同梦想之中的人也有太多太多，唯独坚守一个梦想的人却风毛麟角、少之又少。不能坚守目标给自己一个明确定位的人就像"小猫钓鱼"那样，一生都在游离不定中摇摆，在举棋不定中反复，在浮光掠影中闪失。其实，"一生只做一件事，一件事成就一生"的例子不在少数。

其实，不妨尝试着将目标形象化，这样就能够更好地知道要做哪些事情来实现目标。你可能无法实现所有的目标，但与没

---

① 〔意〕丹瑞欧·康波斯塔：《道德哲学与社会伦理》，黑龙江人民出版社，2005 年，第 2 页

有目标盲目地生活相比,通过向目标努力,你会有很多收获。

想要实现目标,首先需要有乐观积极的态度。如果以不情愿或憎恨的态度工作,或者认为工作很无聊,就不可能很好地完成工作,或者需要花很长时间完成工作。如果态度不端正,你甚至会逃避工作,而不是很好地实现目标。

目标的达成首先取决于个人的人生规划。所以,时间管理首先意味着你作为一个初入职场的教师,或者作为一个经验丰富的教师,作为一个在团队中有重要影响力的优秀教师,你最终的目标和你实现阶段性目标是否有很好的协调。只有用长远的目光确定人生目标,你才能很好地制定出实现目标的计划。

目标的达成还要靠点点滴滴的努力。时间管理就是一门让生活井然有序的艺术。由于时间管理可以帮助你明确要做的事情以及有效利用时间,因而时间管理有利于效率的提高;同时,你也会得到更多的休息时间——养精蓄锐,以更好的状态面对生活。大多数人盲目地对待生活,最后往往胡乱应付了事,似乎永远没有足够的时间来完成必做和想做的事情,处于一种"混日子"的状态,为此我们感到沮丧。这种情况让生活充满压力和混乱,工作和家庭生活因此备受困扰,与此同时,时间却悄悄地从身边溜走。

因此,如何来利用好一天之内时间就是一个重要问题。时间管理可以解决以上问题。通过决定如何以及何时做事情,能够帮助你有效利用和节约时间。时间管理并不意味着一种刻板的生活方式,相反它让你更自由地从事生活中的重要事务。有个说法叫"三八理论",大意是:一天二十四小时,八小时工作,八小时睡眠,还剩下八小时。人与人之间的差别就是在这八小时形成的。的确,本来旗鼓相当的两个人,每天就差那么一点点,日积月累,几十年下来,差别就会很大很大。

古训曰:一寸光阴一寸金,寸金难买寸光阴。古人的"厕上、枕上、马上"讲的是惜时。时间管理有许多技能,但关键是要有和你的价值观相吻合的目标追求。你一定要确立你个人的价值观,假如价值观不明确,你就很难知道什么对你最重要。你价值观不明确,时间分配就一定会不得当。时间管理的重点在于你如何分配有限的时间。教师不仅是职场中人,他还是家庭和社会的成员。你永远没有时间做每件事,但你永远有时间做对你来说最重要的事。你一定要了解,对你来说,哪些事情是最重要的。你可以对自己要做的事做一个价值排序,分出轻重缓急来,这就是所谓的"有所弃才能有所取",有所不为才能大有作为。

高效的时间管理往往与一个人的生活习惯有关,比如说,有人就能够语言干练,办事利落,工作安排得井井有条,总能在正确的时候做正确的事情。无论是在家里还是在学校,每个人都要在某种程度上支配自己的时间。你做事的先后顺序,对你能否轻松惬意地驾驭生活有着莫大的影响。当你把有限的时间合理分配并充分利用时,再平淡的日子也能过得风生水起,有声有色。

压力是一个我们日常生活中不可避免的、十分重要的成分。压力无时无刻不存在于我们的生活之中。每一个人或多或少都会面临压力,对不同的人来说,压力可能来自不同的方面。压力并非完全消极的因素,适当的压力有助于我们潜能的彰显和生发。历史哲学家汤因比在解释人类文明何以进步时提出"挑战—回应"的理论,对于个人的发展来说,这一理论也是有解释力的。

面对压力,是勇敢正视还是退缩逃避,这取决于我们人格的力量。在压力面前,有的人积极乐观,迎难而上,不断成长;有的人却无所适从,心浮气躁,牢骚满腹,怨天尤人,在惶惶然中一事无成;也有人身心俱疲,积劳成疾,最终重病缠身甚至英年早逝。对于压力消极的反应可以导致心理失调、愤怒、憎恶、不信任、迷惘、沮丧、忧郁、孤独感和疏远感、不当的判断、注意力分散、缺乏自发性和创造性、自信心不足、筋疲力尽以及其他一些严重的健康问题。当你觉得被工作压得透不过气来时，可以试试各种"减压法"：诸如想象一件你认为最有趣的事情，并持续回味一会儿。让自己大声笑出来，想一件可笑的事情，逗自己笑。

没有人会一直不停地保持最佳状态工作，每个人都需要一些个人时间，比如说在一个安静的地方，单独一个人待着。这样可以放松身心，恢复精力。如果没有休息和恢复的时间，你会感到有压力、心情抑郁，同时工作效率很低。

面对压力时的勇气，即在压力之下仍能表现出的从容与优雅，这与一个人的精神修养有关。当然，过强的压力其实是一个信号，说明我们需要面对和调整一些东西。这时找到产生压力的真正原因，积极面对而非逃避压力，将压力变为动力，促进我们自身的发展才是上策。

压力应对的诀窍就在于学习如何从焦虑中发现一些积极的东西，从而驾驭压力。如果你不能很好地面对压力，将会导致生理、感情甚至思维紊乱。相反如果你能恰当地面对压力，可以激发精神和或身体的潜能，成为更加完美的自我。

在我熟悉的老师中，有许多是非常优秀的。他们一个共同的特点就是有明确的目标追求，并体现在他们脚踏实地的努力之中，坚持每天读书，每天写教学反思，坚持追踪教育发展的前沿态势，追求自我的不断完善。但愿中国教育界有越来越多的这样的老师。

6 生命有尊严的存在状态

有网友在我的博客上评论说："肖川老师要我们慈悲为怀，可您做报告时对人要求非常苛刻，一点都不慈悲，是不是言行不一？"我承认我有性格上的缺陷，对人有点苛刻，不够宽容。经常有人告诉我，我在做报告时的会场气氛已经是非常好了，要是平时差多了。我相信这是真话。我在作讲座时对听众要求很严格，甚至有些苛求，这也与我对生活的态度有关。

我希望我们的教育能够帮助更多的人将生命提升到有尊严的存在状态。什么样的状态就是有尊严的存在状态呢？首先就是投入与专注。我发现所有非常成功的人都会具有这个品质。我很鄙薄做事情懒懒散散、一心二意、心不在焉的人。

我们对中小学生课堂纪律要求很高，到了成人世界里，会场纪律或公共秩序却很不理想。其实，这二者之间是有关系的。正因为在中小学生那里缺乏宽容与信任，主要依赖于外部强制的纪律，他们没有发展出自律、自制的品质，等到外部强制纪律被解除了，那种没有受到文明熏染的自发状态就会表现出来。

即使在人民大会堂开很重要的会议，我们也经常可以从电视上看到这样的镜头：有很重要的人物在作很重要的报告，一些也很重要的大人物却在漫不经心地翻阅着报告的文本，并没有专心致志地听别人作报告。

投入与专注,源于内在的兴趣,也源于自律和对他人的尊重。由于我们基础教育中许多课堂教学缺乏内在的吸引力(这既有教育内容本身的原因,也有教学的方式方法的原因,还有教师本身文化底蕴不足的原因),没有让学生深深地沉醉于其中,因而没有能够发展出作为一个个性健全的人应具有的高度投入与专注的品质。不少人绝大多数时候都是注意力难以集中,意志涣散、松松垮垮、浑浑噩噩,像总也拧不紧的螺丝。这是一种非常不好的生命状态,在这样的人身上是难以体现出敬业精神和有尊严的生命存在状态的。

我非常欣赏在公开场合,特别是在应该表现庄严、庄重的场合,人们那种既投入、专注,又很舒展、放松的状态,而不喜欢那种既昏昏欲睡、无精打采,又十分拘谨、猥琐的样子。

我们的社会中有一种不健康的现象,那就是对"卑微者"要求严格,而对"高贵者"要求却非常宽松。这其实是人生中恶的表现,是一种欺软怕硬的流氓作风。

在自由社会中,倘若高官有道德上的瑕疵,诸如不诚实等,媒体和一些中立机构会穷追猛打,直至该公开道歉的必须公开道歉,该辞职的必须辞职。前者如贵为总统的克林顿,后者如位高权重的世界银行行长沃尔福威兹。对于位高权重的社会公众人物有更高和更严格的要求体现的是一种公平与正义。

不管一个人有着怎样的身份、地位,他都只是一个同我们一样的并不完美的人。平等地对待所有的人,就是有尊严的生命存在的状态的另一个重要的表现。平等,也意味着尊重所有的人,特别是普通人。常言道:"大模大样,小家气象。"《朱子治家格言》有句话说得很好:"见富贵者生谄容最可耻,遇贫贱者作骄态贱莫甚。"可生活中有人就爱摆架子,特别是那些级别并不很高的官员和没有真才实学的教授。原因恐怕就在于他们只有借助于架子才能自我感觉着站立起来。当然,仰人鼻息、自轻自贱、过分的自我贬抑和谦卑都不可取。

　　人在认真的时候往往最美。我希望老师们对待学生有慈悲之心，因为我们面对的是稚嫩的心灵，而我面对老师们作报告时要求很严格，那是因为我们都是成年人，更重要的是希望我们都有良好的生命状态和自尊自重的品格。

7 诗意地生活

享受失眠

有时会由于晚上喝了浓茶或咖啡,或者由于兴奋或激奋之事,而失眠。这时,思绪异常地活跃,真可谓"思接千载,视通万里"。我的许多文章的腹稿都是在失眠时打好的,一起床就用笔记录下来。几乎无需修改就能成文。我常想,要是有一种仪器,可以戴在头上,把想到的一些东西都准确无误地记录下来,那该多好。

我可以"睡觉睡得自然醒",因此,失眠对我来说,不是一件令人焦虑的事,相反我可以在这个时候审察内心,细腻思考。我可以享受失眠,成为我享受生活的一部分。失眠都可以享受,那还有什么不能成为享受呢!?

简单生活

近年来,经常在全国各地参加会议,或作讲座,也就少不了出入高档酒楼饭店。只要可能,我都会亲自点菜。我坚持几个人几个菜,决不多点,以免浪费;另外,我决不点价格昂贵的菜。当然,我会照顾到大家的口味以及荤素的搭配,膳食的平衡。我这样做,一是要避免浪费,二是可以加快点菜的速度,三是免得接待方的为难：他们经常会为了表达对客人的尊重，点很高档的菜，点很多的菜。

在餐桌上，我不喝酒，也不喝饮料，只喝茶。而且，我也会建议大家不喝酒或少喝酒，我从来不劝人喝酒。尽量不要将时间浪费在餐桌上。如果能有自助餐，那是最好不过的。

总有人一个劲地劝别人喝酒，非要一次喝多少多少，我觉得既无聊又不文明。如果喝酒对你来说是享受，你当然可以尽兴地喝；如果酒只是交往的媒介，出于应酬的需要，就应该可以象征性地喝一点。这既是对他人的尊重，也是对生命的珍爱。社会文明的进步要靠我们点点滴滴地努力。我提倡杜绝无聊的应酬和虚假的客套，学会简单生活，更多地眷注内心。我一直在身体力行，并将一如既往地成为我所倡导的价值观的模范。

无欲则刚

在一些地方做讲座，听众中有交头接耳或者昏昏欲睡的，我总要提醒。对个别置我的提醒于不顾、仍旧我行我素的人，我会措辞严厉地批评。这是我一贯的风格。

因为批评，产生过不少后果。如在北方一个城市，在我负责指导的一个实验课题开题会上，市教研室主任安排一位小学副校长发言。中场休息时，我看她的发言稿很长，因为时间很紧，我还有专题学术报告，就建议她不要照稿念，扼要地讲几点就可以了。等到下半场开始时，她上台发言，却仍旧照稿一字不落地念，啰里啰唆地讲了半个多小时。台下听众也大多越来越缺乏耐心，她却不会随机应变。接下来是我作讲座。我首先就谈到校长要有提炼与概括的能力，在公共场合讲话要能做到要言不烦、简洁、明快地表达思想，像刚才这位校长就没能做到这一点。那位女校长在下面显得很不自在，过一会儿就离开了。

这次开题会后,市教研室再与我没联系了。原来那位女校长是一个区教育局局长的太太。市教研室要指望他们支持,自然要舍车保帅了。实验的开展最后就不了了之。那个城市以后几年里也再没去过。

类似这样的事发生过多次。因为受到过我的当众批评,有人就在网站上发泄对我的不满。但我仍坚持我的作风。我一点都不担心别人不请我。我不去做报告,我可以读书、思考和写作。对我来说,活着就是机会,我不指望谁给我机会。所以我活得勇敢无畏。

有时,我真希望没有人请我,这样我可以潜心思考?我到处奔波,有时是盛情难却,有时是自己修炼不到家,定力不够,经不住诱惑,特别是那些我不曾去过的地方。我没被封杀的结果是,多了个三流的"教育活动家",少了个思想深刻的探索者。这个三流的"教育活动家"诗意地生活着。

我感恩。

8 个性成就美丽

个性是一个人的处世风格。有人热情奔放,有人冷峻内敛;有人做事干净利落,有人则优柔寡断、拖泥带水;有人积极乐观,惯于正面地看问题,有人则消极悲观,常常心灰意冷、无精打采。好的个性是自信而不轻狂,果敢而不专横,温和而不软弱,沉稳而不迂腐。

心理学研究发现,具有良好个性的人表现为:

(1)人格完整,自我感觉良好,情绪稳定,且积极情绪多于消极情绪;有较好的自控能力,能保持心理平衡;能自尊、自爱、自信,有自知之明。

(2)一个人在所处的环境中,有充分的安全感,且能保持正常的人际关系,能受到他人的欢迎和信任。

(3)对未来有明确的生活目标,并能切合实际不断进取,有理想和事业上的追求。

个性作为一个人的处世风格,这种处世风格之所以得以如此表现,背后的原因是多方面的,包括价值观念、思维方式、审美趣味的不同,而这与他以往的生活经历有着莫大的关系。风格既不能被克隆、被复制,也不能被传授,其各方面的组合和变换几乎是无穷无尽的。每个人都可以使自己的个性变得更完美,重要的是你要有追求更完美自我的冲动。

在这个急剧变动的时代,每个人的心灵中都充满了太多的渴望和要求,都积累了太多的呻吟和焦灼。我们的情感瞬息万变,难以捉摸;意志相互冲突,难以取舍;理智恍惚不定,难以抉择。世界、生活、自我都在走马灯般地乱转,不再能被有效地把握。但是,只要是人,就必定需要把握自己,需要知道这个世界到底是个什么样子,需要确信生活究竟是为了什么。这一切都需要在人的心灵中得到某种程度的整合。这才能有我的世界,我的生活,才能有"我"。自古以来,人们普遍认为,知黑守白者是温文君子,颠倒黑白者乃是非小人。这其实就是人格的完整。

"成功者不是做与众不同的事,而是做事与众不同。"王小丫是我最欣赏的电视节目主持人。她干练、洁净、充满活力,不仅美丽,且有女人的娇媚,可谓风情万种。2005 年在山东淄博举办的金话筒的颁奖晚会结束的第二天早上,她从济南乘飞机回北京,正好我和她同一班机。在从检票口到舷梯的路上,我走到她的身边,悄悄地问:"你就是王小丫吗?"她微笑着轻轻地点点头,我对她的这个表现很满意:既没有拒人于千里之外的冷漠,也不显得过于张扬,友善而富于亲和力,这就是教养。

她就是我的眼中富有个性魅力的女性。如今社会的人们在算计和逢迎中乐此不疲,本色的、玻璃般透明的个性就弥足珍贵。可总有一些人,自以为自己是名人,不把别人放在眼里,自我膨胀得快要爆炸了。其实是十足的愚蠢。如果你是名人。又具有很好的教养,别人会很尊敬你。如果你没有教养,你大概也很难获得别人发自内心的尊重。

一个国家的强大,总是建立在个人的聪明才智与自由天性的发挥上,得益于他的创造力的展现。这既取决于完善的制度建设,也取决于良好的文化传统,当然,学校教育是其中的一个非常重要的因素。如果是这样一种状况:"我们的儿童像羊群一样被赶进教育工厂,在那里无视他们的独特个性,而把他们按同一个模式加工和塑造。我们的教师们被迫,或自认为是被迫去按别人给我们规定好的路线去教学。这种教育制度既使学生异化了,也使教师异化了。"[1]教育就难以造就个性丰富和鲜明的人。

学生的个体差异既是教学活动的起点,更是一种重要的教学资源。教育过程就是一系列的与人打交道的过程。在这个过程中,教师的个性会体现得淋漓尽致。他的风格不是一种处世技巧,而是他作为一个人、一名教师的真情流露。

过于内向、不乐于与人打交道,不善言谈、寡言少语,言语尖酸、对人过于苛刻,脾气暴躁、缺乏耐心,这样的个性都不适于做教师。教师应该待人宽厚,富有耐心,善于沟通,充满热情和温暖,能够鼓舞人、激励人。一个优秀的教师一定是一个个性上比较和谐与完美的人。

他们积极而真诚地关心、理解和尊重学生、家长和同事,并能公正地对待他们。如果教师对自己的学生缺乏真正地尊重和肯定,那么他就会不断受挫、不断失败。如果学生能够感受到教师对自己的尊重,他们就会更加努力地学习,更容易改正错误,也会更愿意为自己的行为负责。在实际生活中,缺乏尊重有很多种表现形式,而傲慢自大、自我中心、挖苦讽刺、冷嘲热讽和态度粗鲁等只是其中的几种。

正如苏霍姆林斯基所说:"其实在每一个孩子心灵最隐蔽处的一角,都有一根独特的琴弦,拨动它就会发出特有的音响,要想使孩子的心同我讲的话发生共鸣,那么我必须同孩子的心弦对准音调。"思索一下你愿意与之共度时光的人吧。他们是这样的人,使你变得强大,肯定你的长处,理解你的问题,尊重你

① 陈友松主编:《当代西方教育哲学》,教育科学出版社,1982年,第119页

独特的品质，告诉你爱的真谛。你是愿意从这样的人那里，还是从吹毛求疵、暴躁易怒、满怀敌意、冷酷无情、极不友善、自我中心的人那里接受指导、指引及纠正呢？

若教师缺乏积极的精神生活、好奇心和扎实的知识基础，教室将会是智力匮乏的地方。而如果教师具有自己独特的个人风格，能够将戏剧性、热情、活力、幽默、魅力、创造性和新颖性融入教学之中，那么，他的教学一定是能够引人入胜、妙不可言的。

9 望老师慈悲为怀

　　宁夏有位叫孙瑞雪的老师,执著于在中国传播蒙特梭利教育,这对于当下的中国教育具有矫枉过正的意义。我的孩子上北师大实验幼儿园时的遭遇使我深切地感到:当下的中国教育是多么的缺乏爱、宽容与自由。

　　我的孩子聪明、淘气。在作为父母的我们看来,他的淘气是可爱,那是因为有爱;可在幼儿园的老师看来就不是这样。从进入幼儿园开始,我的孩子就成为了受打压、修理的对象。也难怪,一个班四十几个孩子,有几个调皮倒蛋的孩子也真够老师头痛的。所以一些活动,我的孩子,还有另外一两个孩子都没有"资格"和机会参加,因为老师害怕他们出乱子。有时老师还将他独自关在一个黑屋子里。幼儿园的老师甚至断言我的孩子上了小学一定跟不上班。这一断言曾给我的孩子的情绪以很大地打击。

　　我们的教育中太缺少爱、宽容和自由了。我的孩子几乎每天都带着消极情绪回家。小小的他常常说,我讨厌幼儿园,我讨厌老师。五岁多时居然说他希望生病,这样就可以不去幼儿园了。还好,我们的家庭充满了爱、宽容与自由。这多少可以平衡他在幼儿园受到的来自老师的有意无意的伤害。

　　几年前,上海《教育参考》的主编吴国平先生对我说:"等你的孩子上学了,你对中国学校的教育的感受就会更丰富、更苦涩。"从我孩子上幼儿园起,就果真如此。后来,我的孩子上了小学,才发现学校中羞辱孩子的事简直是家常便饭。那时每次幼儿园开家长会,我太太宁可从竞争激烈的单位请假,然后花几十元打车费自己去参加,也不愿我走几步路去参加。为的是怕我言语冲撞得罪了老师,日后孩子遭受老师的报复。直至我孩子逃离了幼儿园,我才敢在《新京报》(2005 年 7 月 28 日《文娱时评》)上撰文点名批评孩子曾上过的北师大实验幼儿园。

让我们的孩子今天走进学校是为了明天更好地走向社会。耶鲁大学的儿童精神医学专家、儿童问题的权威詹姆斯·库默坚持认为,对儿童的教育不能与他们在感情方面的需要分隔开来。"你必须要为孩子们提供这样一个环境,在这个环境里,他们不是多余的,而是有价值的、是被人接受的。只有在这种环境里,他们才会接受你。"我们知道,只有用一种平等的、不夹杂优越感和施舍意味的爱,才会被学生真正地接受,并进而让他们也学会爱他人。

然而,令人沮丧的事实却是,许许多多的孩子感到孤独,他们被人忽视,甚至于受到威胁。其结果就是学校对孩子没有吸引力,学生厌学、逃学甚至辍学。

教师如何能保证面对孩子的"召唤",自己采取适当行动呢?加拿大教育学者马克斯·范梅南提出三个条件,那就是爱和关心孩子、希望和信任以及对孩子的责任感。爱是教育的前提。"没有爱就没有教育",这是广为人知的至理名言。因为没有爱,我们就不能用欣赏的眼光看待孩子,从而发现他的闪光点;我们就容易失去耐心,过多地表现出嫌恶,从而带给孩子的心灵以压抑感。要老师有爱心,可怎样才能有爱心呢? 我们自己就是在缺乏爱的环境中长大的,在一个弱肉强食的人群中,如何让一个人变得有爱心呢? 一些学校的虚假宣传,一些作秀,都是冲着择校费去的,目的是吸引家长的眼球,然后诱使家长掏钱"赞助"。现实有时会让我感到自己很无能,很无奈。可我仍然从困惑和痛苦的人那里听到一种呼唤——我们的时代,我们的国度对生命教育的紧急呼唤,对生命教育的深情呼唤。

教师既要关注学生未来的成长,也要做到"教学生一天,想学生一生",更要关心孩子的现实生活处境,他们已有的知识和经验背景,他们的需要和学校过程中的感受。如果真如斯滨诺莎所言,"快乐不是对美德的赞赏,而是美德本身",那么现在基础教育学校的最大特点就是不快乐。我们作为教师是不是应该反省一下我们是否多少要对此负责? 尽管我们很多老师自己并不怎么快乐。

佛教有句名言:"感伤之情,慈悲之怀。"在孩子们童年的记忆中,留下一个一个温暖美好的记忆瞬间,这对于他们健康人格的成长和对于建设一个充满同情与关爱的社会是多么的重要。

很喜欢张爱玲半个多世纪前写给胡兰成的一句话:"因为懂得,所以慈悲",今天的流行歌曲唱到:"你的温柔是一种慈悲",亲爱的老师,面对稚嫩的心灵,让我们慈悲为怀吧。

10 教师:努力成为家长的模范

　　我们许多教师同时也是家长。教师和家长同是孩子成长中最重要的教育者,作为教师,努力成为家长的模范有多方面的意义。

　　首先,成长是儿童生命的最重要的主题,作为教育者的职责就是帮助他们获得成长。为了孩子幸福的人生,教师应该努力从自己孩子的成长中探索出一些有效的教育方法,并上升到理性认识。我们是教育的专业人员,我们有责任以自己卓越的见识和良好的专业素养引领社会和家长,帮助家长对自己的孩子抱以合理的期望和用先进的教育观念与方法教育孩子,从而提高我们整个民族素质,促进社会文明和进步。

　　其次,作为教师,努力成为家长的模范有助于提高我们教师职业的社会声望。教师是一种古老的职业,如果教师在社会中在诸多方面都能够以专业人士的形象出现,我们教师就更能赢得社会广泛的尊敬和信任。这就需要教师能够在与社会各阶层的人们广泛交往中,展示出应有的专业素养,才能得到人们的认可。而当教师这个职业有更高的社会声望时,教师的言行才可能更具有教育的力量。

　　第三,作为教师,努力成为家长的模范有助于建立良好的家校关系,从而赢得更多的家长对于学校的支持,从而提高教育的品质。如果一个教师，连自己的孩子都没有教育好，学校开家长会时，恐怕很多话是难以说出口的，至少不那么理直气壮。如果你是一个成功的家长，你对学生家长的要求才能更加令人心悦诚服。

作为教育者，教师和家长都承担着责任。在任何情况下，责任都是一个定量，任何一方如果承担过多的责任，就意味着另一方相应地减少了本来应该承担的等量责任。如果教师能够成为家长的模范，就等于告诉家长所应该承担的责任，并且教师对于一些规范与要求的身体力行、率先垂范，使得家长有明确的努力方向。

作为一个称职的家长，首先是给予孩子成熟的、无条件的爱。每个儿童健康成长的必要条件之一就是至少有一个非常喜欢他（她）的人。这个喜欢他（她）的人就成为一个重要的人。正如教育家马卡连柯所指出的那样："家庭是社会的一个天然的基层细胞，人类美好的生活在这里实现，人类胜利的力量在这里滋长，儿童在这里生活着，成长着——这是人生的主要快乐。"有研究证明，早年受欢迎的儿童将一直受欢迎，而遭到拒斥和忽视的儿童很难改变不受欢迎的遭遇和消极的社会关系。

其次，以自己模范的行动引导孩子亲近书籍，养成阅读的习惯。据研究发现，爱书的孩子其人格特征是温柔、善良、开朗、快乐、幽默、自信、有同情心、语汇丰富、人际关系良好，在学业上的表现也比较好。所以父母除了要循循善诱，还要身体力行，包括亲子共读，以便让孩子尽早建立阅读习惯。

再次，作为称职的家长，需要骄傲着孩子的快乐，特别是不要体罚孩子。如果父母体罚孩子，还认为那是为孩子好的话，孩子可能会怀疑其他一切关心他的努力。多和孩子平等、真诚地交谈，不存在完全不能与孩子讨论的问题。不要不懂装懂，或者敷衍糊弄。要自觉地引导孩子发现问题，并且形成自己的解释。

从小让孩子养成对于事物理解与解释的习性。

还有,帮助孩子学会了解并驾驭自己的情感;敏感地知道他人的需要,注意其他人的感受;知道自己对别人的影响;懂得其他人可能有不同的观点;索取的同时要懂得给予;学会直面冲突并在解决冲突中获得成长;知道自己行动的结果。这样孩子就更有可能成为受人尊敬和受人欢迎的人。

美国学者戴维·刘易斯的《做好家长的四十条建议》是家长与孩子快乐相处并从教育自己有天赋的孩子获得快乐的宝典。这里抄录如下:

(1)对孩子提出的所有问题,都要耐心和老实地做出回答。

(2)认真对待孩子提出的正经问题和看法。

(3)安放一个陈列架,孩子可以在上面显示自己制作的东西。

(4)不因为孩子房间里或桌面上很乱而责备,只要这与他的创作活动有关。

(5)给孩子一个房间或者房间的一部分,主要供他玩耍。

(6)向孩子说明,他本身已经很可爱了,用不着再表现自己。

(7)让孩子做他力所能及的事情。

(8)帮助孩子制定他的个人计划和完成计划的方法。

(9)带孩子到他感兴趣的地方去玩

(10)帮助孩子完善他的作业。

(11)帮助孩子与来自不同社会文化阶层的孩子正常交往。

(12)自己遵循合理的行为标准并留心使孩子照着做。

(13)从来不对孩子说,他比别的孩子差。

(14)从来不用辱骂来惩罚孩子。

(15)向孩子提供书籍和材料,以便使他能干自己喜欢的事情。

（16）让孩子独立思考问题。

（17）定期为孩子读点东西。

（18）让孩子从小养成读书的习惯。

（19）激励孩子编故事，去幻想。

（20）认真对待孩子的个人要求。

（21）每天都抽出时间与孩子单独在一起。

（22）允许孩子参加计划家务和外出旅行的事情。

（23）从来不因孩子犯错误而戏弄他。

（24）表扬孩子背诗，讲故事和唱歌曲。

（25）教给孩子与各种年龄的成年人自由交往。

（26）详细拟定试验计划，帮助孩子了解更多的事情。

（27）允许孩子玩各种废弃物。

（28）鼓励孩子发现问题，随后解决这些问题。

（29）在孩子干的事情中，不断寻找值得赞许的东西。

（30）从不空洞地和不真诚地表扬孩子。

（31）诚实地评价自己对孩子的感情。

（32）不存在完全不能与孩子讨论的问题。

（33）让孩子有机会真正自己作决定。

（34）帮助孩子成为有个性的人。

（35）帮助孩子寻找值得注意的电视节目。

（36）发挥孩子具有积极认识自己才干的能力。

（37）从来不对孩子的失败表示瞧不起。

（38）勉励孩子尽量不依赖成年人。

（39）相信孩子的理智并信任他。

（40）让孩子独立完成他所从事的工作的基本部分，哪怕不相信会有积极的最后结果也好。

11 六个"讲一点"

　　美好的人生是需要追求一点生命的境界的。我把对生命境界的追求概括为如下"六个讲一点"。

　　首先,讲一点享受,无愧于自我。人们的享受也是有层次的。享受不仅仅是感官享受,我们完全可以享受内心的充实与平安,享受创造的快慰,享受生命的高峰体验。如果一个人把对"享受"的理解停留在物质享受、感官享受的层面,那只能说明高级需要没有在他的视界中出现。善待自我,是善待他人的前提和条件,一个不会享受生活的人,往往对别人也会比较苛刻。

　　"人生得意须尽欢,莫使金樽空对月"、"钟鼓馔玉不足贵,但愿长醉不复醒",与其说是一种享乐思想,不如说它表现的是诗人对生命的沉醉及其在生命力的驱使下试图超越时空羁绊之外的迷狂。面对上苍赐予我们的五彩缤纷的世界、多姿多彩的生活和我们每人一次的珍贵生命,我们没有理由拒绝去接纳、去享受。只有发现,才有欣赏;只有欣赏,我们才能体验到世界的美好,才能感到生活的趣味,进而感受到生命的意义与价值。而要能发现,就需要独具慧眼,需要有一个开放的心态,让生命有如晨曦中的第一道光芒那么美丽与安详,那么柔和与生动。幸福不可能来源于普遍的痛苦和自我牺牲。追求幸福的权利是指个人有权为了自己生活,选择自己的个人幸福并为实现这样的幸福而努力。

其次，讲一点奉献，无愧于亲人。家是扶老携幼的承担。"有钱能使鬼推磨"，却惟独买不到亲情，买不到家的那种温暖与安全。诗圣杜甫早已道出了对"家"的牵挂："烽火连三月，家书抵万金，""家书"的珍贵，这也许只有在交通与通信都极不便利的时代漂泊异乡的人才可能深切地体会得到的。

我一向反对从政府的角度要求人们奉献，因为这可能削弱对于社会公正的追求，掩盖一些人以"奉献"的名义对人实施"道德绑架"的嫌疑，掩盖一些人要别人奉献而自己从别人的奉献中捞取好处的企图。但我提倡每一个人都要对自己的亲人讲奉献。如果一个人对他自己的亲人也斤斤计较，那他就太没品位、太自私和狭隘了。对自己的亲人讲奉献，甚至可以说是人之为人的伦理底线。

再次，讲一点真情，无愧于朋友。"二人同心，其利断金；同心之言，其臭如兰"（《易经·系辞》），这是古人的交友之道，讲的是两个人，兴趣爱好会相投，就能够做朋友；如果两个朋友志向相投，两个人的优势结合起来就可以所向披靡，天下无敌。这句话经过了数千年的生活检验，已经成为了一句至理名言。虽然今天"朋友"二字已经被社会叫滥叫俗叫贬值了，然而这丝毫不能抹杀一个好朋友的珍贵价值。

我们的生命里或许可以没有成功、没有胜利，没有其他的东西，但不能没有的是朋友。茫茫尘世中，能让胸口温暖的是朋友以及和朋友的往事。朋友也许只是你生命中某个时段的一个过客，但因为这份缘起缘灭，更使生命变得美丽。选择一个好的朋友，就是选择了一个正确的方向，一种接近成功人生的旅程。

胡适有一句名言，"做学问要在不疑处有疑，待人要在有疑处不疑。"他当然不是叫人装傻瓜，更不是叫人放弃立场，滥交朋友。所谓"不疑"，就是不要瞎猜测，不要无端地不信任别人,不要苛求,不要动不动就拿高得不能再高连自己也够不着的所谓"形而上"的标准来裁量他人短长。人生有几个可以抵膝而谈、推心置腹、肝胆相照、两肋插刀的朋友?这无疑是生命的好境界。

第四,讲一点责任,无愧于社群。人是社会中人。人与人的关系是多米诺骨牌的关系,所以每一个人天然地在承担着一定的社会责任。其实,每一个人也都有责任承担的需要。因为,没有一个人希望自己是一个无足轻重的人。给更多人以更深刻的、更积极的影响,是使我能想到的一个人存在价值最好的证明。我们国家的贫穷与落后,虽然这主要不是我们造成的,但我们有责任去改变。我们需要一种信念与热忱,相信生活总会改变,贫穷总会改变。我们真诚地努力一定会结出硕果,因为我们可以准确地数出一个苹果中有几颗种籽,但我们永远无法计算出因为这些种籽而能够结出多少苹果来。

那些位高权重的贪官们本来他们有很好的造福一方的机会,可他们欲壑难填,而且并不在乎别人戳脊梁骨,此所谓"笑骂由你笑骂,好处我自捞之",不捞白不捞,最终沦为千古罪人。也许我无法阻止恶鸟从头上越过,但我可以阻止它在我头上栖息筑窝;而且我坚信如我者多了,恶鸟就会被累死、冻死,直至彻底绝种。

第五,讲一点博爱,无愧于人类。博爱即自爱,护生即护心。"真正的爱是夜的花香,是黑暗中的宝石,是医生听到第一声心跳。它是寻常的奇迹,是用柔软的白云织成而撒在夜空的满天星斗。"([法]凯恩斯)

呵护生灵,呵护人的生命尊严,多一点博爱,对于和谐社会的建设有着重要的意义。博爱的精神在中国社会中是比较稀缺的。像强迫人给狗下跪的事在今天的中国还时有发生,就很好地说明了这一点。大庆一人力车夫王强因避让汽车,撞死了一条宠物狗,被狗主人夫妇强逼下跪,为死狗磕头,并逼其赔偿200元之后,才扬长而去。围观者众,竟无人阻止狗主人男女的恶行。身强力壮的王强,在屈辱的泪水中给死狗下了跪,磕了头。他想到的是不要惹事,躺在病床上的母亲还要等他挣钱治病。想一想在这个过程中,王强及其车夫们内心一点一点积累的愤怒,再想一想城里不断发生的恶性案件吧。那些自视高贵的人对乡下人、对弱势群体的歧视和凌辱,是恶性案件的产生土壤和温床!

中国有着数千年等级社会的历史,在我们的社会价值中,少有"平等的人"的概念,每个人都被确定在不同的等级的阶梯上,因等级而确定了他的价值。我们曾经慷慨激昂地批判过"天赋人权"的理论,导致对人的价值认识的根本缺失。处于社会底层的弱势者,他们的生命价值和人格尊严受到漠视,在相当一些人的内心深处还被认为是合理的。比如在一些媒体上,我们经常可以看到对于那些"真真假假乞丐的欺骗和不劳而获"的讨伐。而在我们身边,比这些更可耻可恨一千倍的事还多着呢,为什么很多人却熟视无睹?独对那些已沦落到靠可怜去乞讨几个钱的人高举"正义"的杀威棒,甚至连基本事实都不讲地征讨一气。

多一点沟通、多一点理解,多一点宽容、多一点关爱,多一点与人为善、多一点和谐温馨,这确实我们每个人都能做得到的,也是我们每一个人需要与期盼的,我们都有责任去创造适宜生命生长的环境和土壤。

最后,讲一点信仰,无愧于天地。尼采曾借查拉图斯特拉之口说:"人是需要超越的东西。"这"超越的东西"无疑包括信仰。正义与邪恶的较量是人类活动的永恒主题之一。只要有恶势力的存在,就需要正义的力量与之进行不停歇的斗争。在这个过程中,一个人没有信仰,就会失掉骨气和立场。这样的人,哪怕他活上两辈子,也不过相当于被拖着乱跑的一截车皮。而一个有信仰的人,才可能做到"不戚戚于贫贱,不汲汲于富贵",才不会见风使舵、趋炎附势,真正拥有纯净高远、宽和淡泊的人生境界。

以下是一段基督徒的祷告词,非常值得我们分享:"主啊,求你使我成为你和平的工具,在有仇恨的地方,让我播种仁爱;在有伤害的地方,让我播种宽恕;在有猜疑的地方,让我播种信任;在有绝望的地方,让我播种希望;在有黑暗的地方,让我播种光明;在有悲伤的地方,让我播种喜乐。主啊,求你给我们梦寐以求的,叫我们不求被安慰,但去安慰;不求被理解,但去理解;不求被爱,但去爱。因为给予就是我们的收获,宽恕别人,我们就被宽恕,这样的死亡,就是我们的新生。"

从自我到亲人、朋友,再到社群、人类,最后到天地,这是一个不断从狭隘走向广阔的过程,这也是一个立于天地之间大写的"人"精神成长的历程。

12 采菊东篱下,悠然见南山
——享受休闲

人人都会拥有空闲时间,但并非人人都能够拥有休闲。空闲时间是一种人人拥有的并可以实现的观念,而休闲却并非是每个人都可以真正达到的人生状态,因为,休闲不仅是一种观念,而且更是一种理想。

——《人类思想史中的休闲》

一、休闲:人类美丽的精神家园

从字面意思上理解,"休"在《康熙字典》和《辞海》中被解释为"吉庆,欢乐"的意思。"人倚木而休",《诗经》中把"休"解释为吉庆,美善,强调人与自然的和谐;"闲"通常指道德、法度,"闲"通"娴",有娴静、思想的纯洁与安宁的意思。这是一个具有哲学意味的象喻,表达了人类生存过程中劳作与休憩的辩证关系,又象征着物质生命活动之外的精神生命活动。"人倚木而休,使精神的休整和身体的颐养活动得以充分地进行,使人与自然浑然一体,赋予生命以真、善、美,具有了价值意义。"①这种解释表明了休闲所特有的文化内涵和价值意义。英文

---

① 马惠娣:《休闲:人类美丽的精神家园》,中国经济出版社,2004,第77页。

"Leisure"一词,与中文的休闲有相近的意思,英文的"休闲"由希腊语演变而来。在希腊语中为"Schole",意为休闲和教育,认为发展娱乐,从中得益,并与文化水平的提高相辅相成。这种精神含义以一定的受教育程度为前提,至今还存在。

作为理想的"休闲"

哲学意义上的"休闲"更看重休闲的文化内涵,认为休闲是建立在闲暇时间基础上的行为情趣,任何一种健康意义上的"休闲",都能陶冶人的性情、培养人的美好品格和积极向上的力量。特别是在当今社会,科学技术的迅猛发展为人类创造了巨大的物质财富,而人的精神财富只有靠人的健康的行为方式来构筑,休闲成为人们精神建构的重要方式,是一种"成为人"的过程。休闲和哲学活动的本质是相同的,他们从"休闲"中发现自由、美和人生真谛。哲学意义上的休闲曾经被定义为一种进行冥想的可能性、一种思想创造和意识状态,是创造的环境,是面向未来的可能性。因此,我们可以从以下的角度来理解休闲。

休闲通常被我们称为"自由时间"或"闲暇时间",闲暇时间与劳动时间形成一对范畴,它在保证劳动力再生产的过程中起着重要的作用,是人的日常生活的重要组成部分。"闲暇时间"是休闲得以成立的先决条件。人们有了充裕的自由时间,才享有了充分发挥自己一切爱好、兴趣、才能、力量的广阔空间。只有在自由时间里,个人才会在艺术、科学方面得到发展。

休闲可以是在承担了工作、家庭与社会的职责之后,让自由意志得以尽情发挥的事情:可以是休息;是自娱自乐;是非功利性的学习知识、增长技能;是满足自我的业余爱好;也可以是社团活动的主动参与。休闲是创造,是决定与行动的产物;休闲是生产,其意义总是因其环境而再生,并未动用什么外在的资源;休闲是行动,它全面而复杂。休闲有自己的历史、情感、解释、阶段性发展以及最终目的。

休闲强调心灵和精神感受,获得一种驾驭自我的内在力量。休闲的心态一般不受外部环境的制约,只要行为是自由的,无拘无束的,不受压抑的,全部身心都沉浸其中。"在休闲中,我们不需努力,就能把注意力集中起来,而自我意识则被压缩了。"①在休闲中,人们能更好地"享受智力活动本身的快乐。在这个时候,心智的运用本身就是快乐,就成了最大的快乐源泉。这就是古希腊人所看重的智性的快乐。一个善于享受这种快乐的人,他的心智始终处于活泼状态,这样的人是最容易出成就的。"

理想的休闲包括以下必不可少的要素:自由的,心灵上的自由感,这种自由包含了对时间、物质、行动的选择和支配权;一定程度上,从文化环境和物质环境的外在压力中解脱出来,尽管这种解脱是相对的,但是对人的生存和发展而言都具有重要的意义,这种解脱也是休闲必不可缺的要素;由衷喜爱,本能地感到有价值,并不是某种功利性的目的,没有必须实现的目的性。即使产生了某些后果也是在内在动机的驱动下的自然结果,事先并无预见;对个体而言是有意义的,能够为信仰提供一个基础,能够产生积极的精神愉悦。这些要素组成了雅俗共赏的休闲。基于这些要素,休闲可以在不同的境遇下被灵活演绎。

休闲价值观

在人们的休闲生活中,休闲价值观对休闲具有根本性的引

---

① [美]杰弗瑞·戈比著,康筝译,田松校译:《你生命中的休闲》,云南人民出版社,2000,第9页。

导作用。休闲价值观主要受一定的历史条件以及人的世界观、人生经历、知识水平等因素的限制，因而不同的时代、不同人的休闲价值观也是不同的。

我国传统休闲价值观：受老庄哲学和禅宗思维方式的影响，中国人推崇"君子之行，静以修身，俭以养德，非淡泊无以明志，非宁静无以致远"的价值观。

很多学者认为休闲产生于一种经过了文学的熏陶和哲学的认可的气质。人们在休闲的状态中肌肉休息着、血液循环更有规则、呼吸更缓和、一切视觉和听觉以及神经系统也多在休息中，身体处于完全的平静状态。在这种状态中，人们精神才能集中、思维敏捷，头脑才是自由的，进而能欣赏，能感知生命的美好，自然的美好，万物的美好。

中国人有"日高窗下枕书眠"的闲居，有"晚山秋村独徘徊"的闲游，有"飞盏遥闻豆蔻香"的闲情逸致。林语堂先生才说："能闲世人之所忙者，方能忙世人之所闲。人莫乐于闲，非无所事事之谓也。闲则能读书，闲则能游名胜，闲则能交益友，闲则能饮酒，闲则能著书。天下之乐，孰大于是？"

中国人崇尚休闲之"趣"，"闲有闲情，闲有闲趣。休闲贵有情趣。有无趣味，乃是评判休闲品位之高下的一大标准。"①中国人追求自我心境与天地自然的交流与融合的休闲境界，追求精神世界与客观世界的和谐统一。中国人的休闲价值观追求主体自由、宁静、愉悦的感受，希望客体能给人以轻松、愉快、和谐、舒适的美感。

西方的休闲价值观：西方人很早就意识要休闲对个人生活质量的重要作用，亚里士多德说，"休闲是一切事物环绕的中

① 龚斌：《中国人的休闲》，上海古籍出版社，1998，第2页前言。

心"，"是哲学、艺术和科学诞生的基本条件之一"；罗素说，能否聪明地用"闲"是对文明的最终考验；爱因斯坦说，"人的差异在于闲暇"。亚里士多德是对休闲给予最多赞美的人，他在其名著《尼各马可伦理学》和《政治学》中，阐述了什么是快乐、幸福、休闲、美德和安宁的生活，在亚里士多德看来，空闲时间不等于休闲，一天或一个简短的时间间隔并不可能带来真正意义上的幸福。人们可以利用闲暇时间进行修养性的娱乐，可以休息或恢复体力以便重新投入工作，然而，这并不是休闲的本质。他认为，人在休闲中的沉思状态是最好的"境界"，是一种神圣的活动。他相信不同的思考和推理能力可以把人区别开来。① 亚里士多德的休闲思想对西方休闲文化的形成具有极为重大的影响。

20世纪以来，休闲研究已成为引导西方社会文明的重要力量。休闲对个人价值观的形成产生了重要的影响。一方面，休闲作为人的精神态度的一种状态，将是人进入自由王国的必要条件；另一方面，人在"休闲"过程中，已将个人意义与社会意义连接在一起。基于休闲对"成为人"的重要意义，早在1918年，美国联邦教育局就将休闲教育列为高中教育的一条"中心原则"，作为正确树立休闲价值观的途径。这个中心原则是，每个人都应该享有时间去培养他个人和社会的兴趣。如果能被合理地利用，那么，这种休闲将会重新扩大他的创造力量，并进一步丰富其生活，从而使他更好地履行自己的职责。如果相反，将损害健康、扰乱家庭、降低工作效率，并破坏其公民意识。

西方人把休闲看成真、善、美的一个组成部分，并同知识、美

---

① ［美］托马斯·古德尔，杰弗瑞·戈比著，成素梅，马惠娣，季彬，冯世梅译：《人类思想史中的休闲》，云南人民出版社，2000，第28～29页。

德、愉快、幸福等密切不可分。在西方人看来,正是这些要素,为人类社会奠定了美好的生活目标。

休闲使人生丰盈

休闲是丰富的宝藏,它对人生、教育和社会都具有极大的价值。"成为人"是休闲研究中一个重要的概念。自古希腊起,休闲的作用就得到了认可,休闲为探索和发展提供了空间,为"成为人"以及为他人创造"成为人"的机会提供了空间。"成为人"是一个永恒的话题。在休闲学家约翰·凯利看来,"成为人"意味着:"摆脱必需后的自由;超越意识,获得人性的本真;采取决定性的、有方向的行动以实现人性;探索和谐与美的原则,引导行动的能量;承认生活理性、感性、物质与精神层面的统一;与他人在一起行动,使生活内容充满朝气并促进自由与自我创造。"①必须要明确的是,"成为人"不是按什么精确的样板,而是在行动中发展共同体,树立完整自我,培养美和爱美的能力。

首先,休闲与自由。自由是人的最高价值和终极目的,是衡量一切文化文明程度的标志和尺度。自由的原则是积极性和创造性,自由的核心是智慧的发展。自由的价值根源于人的物质和精神的需要,根源于从满足需要的可能性的角度对事物进行评价。自由不等于没有约束,更不等于放任自流。自由首先是以高度发达的物质文明为前提,并建立在秩序、法规的基础之上;自由又以高度发展的精神文明为内涵,内嵌着价值与文化的时代指向。自由与野蛮、无知相对立,与崇高、博爱相伴随,与真、善、美紧密相连。自由是自主生活的存在主义实现,是进行创造活动的政治和社会空间。

自由是人的基本生存价值之一，是人的本质的体现，是人类在进化中的一种自律性思维，是人类心灵的体验。自人类诞生以来，自由便被视为神圣与崇高的象征，被认为是人的基本生存价值之一，是人的本质的体现。在马克思那里，自由始终是和人的全面发展联系在一起的。人类的发展史正是争取自由的奋斗史。

现代社会是一个过分追求物质利益的社会，人性遭到遗弃。尽管人类的力量越来越强大，但人却面临空前的危机。与此同时，快节奏的生活步伐，使人丧失了来之不易的自由时间，人被拴在疾驰的欲望列车上，异化越来越严重。作为自然人，为满足生存与生理的基本需要，人们渴望了解自然，寻求自由；作为社会人，为满足交往、成功、公平、尊重、安全等需要，人们企求规范自身，获得自由。休闲的自由，其本质是一种个体生命价值的解放，人在休闲时间里不仅可以从各种社会压力中解脱出来，展示生命的本原自我，而且可以发挥自由的精神感知世界，成就自我。

而休闲因其对生命的深切关照，促使个体在面对自身与世界时学会独立思考，不轻信、不盲从；学会有效的自我表达，学会自主选择、自主承担。这些良好的品质，将帮助个体对于自我、生活，对于未来和整个世界更加自信，成为自己幸福人生的创造者。休闲从本质上讲，是通过自我认识而获得自由并发现意义的一个渐进的过程，它最终应当是自我指引、调节和控制的过程。休闲帮助个体自由地、独特地、完美地表现出一个真实的、真正的自我。

"休闲不仅仅是一种个人意识状态或社会条件，它是一个可能进行创造的整体环境。它摆脱了必然性，却并不与有助于实现人类生存的生产分离;它是美学,但不仅限于狭义的艺术;它是自由,但并不远离他人,而是益于他人;它是改造世界的开放空间,却不诉诸破坏的手段,休闲也是这种环境中的创造活动;它既有'成为'过程中的风险,又有助于至少部分地实现行为者的人性。"[①]

休闲强调以人为本,突出人在万事万物中的主导地位。正如普罗泰戈拉所说,人既是万物存在的尺度,也是万物不存在的尺度。人从自然中解放出来,人不是机器,人也不是机器的附庸,人有智慧,有语言和思维,有技艺和发明才能。

其次,休闲与直接体验。休闲是一种精神态度,是一种为了使自己沉浸在"整个创造过程中的机会和能力。"人们休闲只是渴望体验本身,而不是体验以外的原因或者目的。休闲只是一种精神状态,休闲不是环境,不是行为,而是与之相伴随的态度。休闲不是依据其地点、内容或时间要素而定义的,而是指与这一切相关的精神状态。即使这种状态必然处于一定的时间地点,而且必然是短暂的,但它却是使休闲态度与其他各种状态区别开来的要素。

"体验往往是指经历了一段时间或活动并对这段感知进行处理的过程。体验是个人对外部材料进行感知与同化的一种精神及情感过程。体验不是简单的感觉,而是一种行为及对这一行为的解释性意识,是一种与当时的时间空间相联系的精神过程。"[②]休闲的体验特质包括以下内容:选择(休闲选择包括选择接受参与某种活动时会有的限制和规则);自足(休闲的意义主

[①] [美]约翰·凯利著,赵冉译:《走向自由——休闲社会学新论》,云南人民出版社,2000,第265页。

[②] [美]约翰·凯利著,赵冉译:《走向自由——休闲社会学新论》,云南人民出版社,2000,第25页。

要在其自身,具备自身意义的独立完整性);高度投入与享受;忘记时间流逝(一时意识不到时间的存在,这才是最能体现休闲价值的状态);奇妙幻想(休闲在某种程度上创造了一个独有的世界);创造性(创造新事物的可能性);自发性(自发的开放性的反应,而非受情境制约的规定性活动);探索感、好奇心与冒险精神。

亚当·斯密说,"人类最理想的状态和所享受到的最完美的幸福,在于内心世界的平和与宁静,达到这一目标,是所有美德的惟一目的。"因此我们不难理解为何"拥有休闲"是人类最古老的理想——因为,在休闲状态中,人才能把时间花在杰出而天才的沉思之中,在这种沉思中,人们能认识和体验到:在人的本性中什么是最神圣的,人类如何摆脱功利主义的诱惑,为实现文化理想而努力——智性引导出真正的愉快和幸福。

休闲为教育增添魅力

教育归根结底就是培养人的活动。赫钦斯说,"教育目的在每一个时代,每一个社会中都是相同的,即使人成为人。"纽曼说,"大学教育是一个通向伟大而平凡之目标的伟大而平凡之手段。它的目标是提高社会的心智水平,培养公众的心智,提高国民的品位,为大众热情提供真正的原则,并为大众愿望制定明确的目标,宣传和把握时代的理念,促进政治权力的运用,使个人生活变得更高雅。"①

哈佛大学校长陆登庭认为,"大学的研究固然应该为经济发展做出重要贡献,大学教育也应当帮助学生从事有益并令人满意的工作,然而对于一种最好的教育来说,还存在着无法用美元和人民币衡量的更重要的方面。最佳教育不仅应有助于我们

---

① [英]约翰·亨利·纽曼:《大学的理念》,贵州教育出版社,2001,第161页。

在专业领域内更具创造性,它还应该使我们变得更善于深思熟虑,更有追求的理想和洞察力,更能够享受生活带来的欢乐,成为更完美、更成功的人。"我国的杨叔子院士也曾经指出,现在的大学教育存在以下四个方面的问题:"过弱的文化陶冶,使学生人文素质不高;过窄的专业教育,使学生的学术视野不宽,学术基础不牢;过重的功利主义导向,使学生的全面素质培养与基础训练不够;过强的共性制约,使学生的个性发展不足。"他说:"大学的主旋律应是'育人',而非'制器',是培养高级人才,而非制造高档器材。人是有思想、有感情、有个性、有精神世界的,何况是高级人才;器是物,物是死呆呆的,再高级的器材,即使是高档的智能机器人,也不过只能具有人所赋予的复杂而精巧的功能或程序,其一切都不可能越过人所赋予的可能界限这一雷池半步。我们的教育失去了人,忘记了人有思想、有感情、有个性,有精神世界,就失去了一切。"①为此,他主张培养"全人",要进行全面发展的教育。

"完整的人"拥有完整的生命体验,在道德、情感、能力、身体等各方面都获得了良好的发展;他不仅是不同社会角色的扮演者,也是自己生命的主人;他不仅是工作者,也是幸福生活的享受者,他的生命和生活不是单向度的,不是狭隘和局限的,而是开放的、有包容性的、与这个世界的丰富相联系的。他是一个立体而富有层次的综合体。

我曾经说过,"完整的人就是与世界有着丰富关系的人,在'天、人、物、我'四个向度上,充分展开自己的生命表现形态的人。'天'指天道,宗教里就是神,哲学里就是伦常、永恒的真理,人们以信仰的形式来把握;'人'指社会、他人,人们用伦理

---

① 刘宝存:《大学理念的传统与变革》,教育科学出版社,2004,第122页。

和道德来把握；'物'指自然万物，包括人类的创造物，人们以科学的形式来把握；'我'指自我，人们以展示、反思、超越、更新等方式来把握。完整的人，相对的是单向度、片面发展的人，畸形的人，精神世界残缺不全的人。"

提倡"全人"教育，培养"完整的人"，并不是反对实用的专业教育，只是对大学泛滥的实用主义表示不满，要求纠正大学教育的过分专业化的倾向，培养真正全面发展的人。尽管，不同的历史时期，不同教育家对"全人"即"完整的人"的具体表述都有不小的差别，但本质上他们都强调的是和谐与平衡，是人与社会需要的和谐与平衡，是宽厚的知识基础与精深的专业知识间的和谐与平衡，是高度发达的智力、高尚的道德、健康的审美、丰富的个性和强健体魄之间的和谐与平衡。完整的人是一个既精于专业知识又有较高人文修养的人。

19世纪中叶后，功利主义的高等教育哲学逐渐取得大学主导地位。大学培养目标由洪堡等提倡的完人向专门人才转变，不仅要求学生掌握普通文理知识，而且掌握一定的专业知识和技能，实质上比原先的完人更加全面发展。但是进入20世纪后，在就业的压力下，大学教育日益专业化，大学教育培养目标越来越强调"实用"的部分，而个性的全面发展则被冠以"装饰的目标"而受到冷落，大学培养出来的不再是全面发展的人、自由的人，而是异化了的、工业化的人。在大学人才的培养目标日渐狭隘时，一些教育家发出了振聋发聩的呐喊，呼吁大学教育要培养全人。联合国教科文组织1972年发表的《学会生存——教育世界的今天和明天》指出：

为了训练的目的，一个人的理智认识已经被分割得支离破碎，而其他的方面不是被遗忘，就是被忽视；不是被还原到一种胚胎状态，就是随它在无政府状态下发展。为了科学研究和专门化的需要,对许多年轻人原来应该进行的充分而全面的培养被弄得残缺不全。为从事某种内容分得很细或某种效率不高的工作而进行的训练,过高地估计了提高技术才能的重要性而损害了其他更有人性的品质。

人要排除令人苦恼的矛盾;人不能容忍过度紧张;他努力追求理智上的融惯性;他所寻求的快乐不是机械地满足欲望,而是具体地把实现他的潜能和认为他自己和他的命运是协调一致的想法。总之,把自己视为一个完善的人。因此,教育要使人日臻完善;使他的人格丰富多彩,表达方式复杂多样;使他作为一个人,作为一个家庭和社会的成员,作为一个公民和生产者、技术发明者和有创造性的理想家,来承担不同的责任。①

1996 年,由雅克·德洛尔(Jacques Delors)任主席的国际 21 世纪教育委员会向联合国教科文组织提交了题为《教育——财富蕴藏其中》的报告,提出教育应以学会认知、学会做事、学会共同生活、学会生存为支柱,培养全面发展的人。

功利化的教育当然是排斥休闲的。受传统文化的影响,我们一直认为"业精于勤,荒于嬉",也因此理所当然地视"休闲"为洪水猛兽。长期以来,教育以"不休闲"(不让师生休闲)和"不教育"(不对休闲给予教育)两种方式排斥了休闲。教师是教育目的能否顺利实现的关键一环。"完整"的教师才能够培养出完整的学生。一个懂得休闲的教师大抵是一个很有生活情趣的教师,他做人不会枯燥,讲课不会干涩。一个懂得休闲的教师大抵是一个懂得装点教育的人,他知道如何让教育芬芳弥漫。

---

① 联合国教科文组织国际教育发展委员会编著,华东师范大学比较教育研究所译:《学会生存——教育世界的今天和明天》,教育科学出版社,1996,第 193~194 页。

休闲为文化奠基

休闲是文化的基础,休闲能推动社会整体发展和科学文化创造。科学史家丹皮尔在《科学史及其与哲学和宗教的关系》一书中指出,人类历史上三个学术发展最惊人的时期——希腊极盛时期、文艺复兴时期与我们这个世纪——是财富增多及休闲生活较多的时期。休闲是一种社会文化的创造和再创造,关键是为文化发展提供了重要的,甚至是最根本的环境;休闲为各种科学、文化、艺术、观念交流和文化心理的交往提供了时间与空间。"没有自由时间,就没有一切科学、艺术、诗歌等富于创造性、融智慧与浪漫于一体的社会文明。"①亚里士多德举例说,知识是最先出现于人们有闲暇的地方。数学之所以先兴起于埃及,就因为那里的僧侣阶级特许有休闲。只有享有充分的自由时间,人类才能发展创新文化,从事一切有益于人类进步的文化创新。

北美的哲学家普遍认为,休闲是探索真理必不可少的条件,休闲提供了思考的社会空间,即一个社会系统所必需的创造性、批判性的思考,他们认为文化的创造远比再生产创造的价值高,因此为文化提供基础是休闲的最大贡献。"休闲,是让任何文化复兴的先决条件。"哲学家皮普尔认为,休闲并不是工作的休止,而是另一种类型的工作,是一种具有人性意义的工作,好比节日的庆典活动。皮普尔告诉人们,心静而后能知,休闲能使人们为自己的存在感到喜悦,并且心存感激。

中国传统文化中也有这样的思想。老子说:"多闻数穷,不若守于中"。(《老子》)意思是说人的心灵要保持清净,而不要旁骛太多,没了章法和智慧。于光远先生对此有进一步的解释:

采菊东篱下,悠然见南山

59

---

① 马惠娣,成素梅:《关于自由时间地理性思考》,自然辩证法研究,1999(2)。

人一忙就容易乱，头脑不清醒；

人一忙也就容易烦，心情不能平和；

人一忙就容易肤浅，不能研究问题，不能冷静认真思考；

人一忙就容易只顾眼前，不能高瞻远瞩，忙得没有逐渐，忙得没有远见。

可见，"忙碌是一种病毒"，缺乏休闲，人类永远会是工作的奴隶，被束缚于狭隘的世界中而脱身不得，思想活动会受到严重影响，文化也就无从产生。

休闲还是文化传承的载体，休闲是人在完成社会必要劳动时间后，为不断满足人的多方面需要而处于一种文化创造、文化欣赏、文化构建的生命状态和行为方式。休闲"通过人的个体或群体的行为、思维、感情、活动等方式，创造文化氛围、传递文化信息、构筑文化意境，从而达到个体身心全面、完整地发展。休闲的本质主要体现人的一种精神生活，它不同于闲暇与空闲。休闲的价值不在于实用，而在于文化。

作为一种特殊的文化形态，休闲往往以渗透、融合、感染、凝聚、净化等多种形式影响人的生活方式和生命质量。因为它的意义不仅在于恢复体力，更重要的在于闲暇生活所结的果实，即精神的调整与升华，以及人的广泛需要得到全面、完整、自由地发展。

教育作为一种文化行为，与文化紧密相连。"从教育的层面讲，教育过程的本质重在一个字，那就是'化'（感化、陶冶、熏陶、塑造）。"①教育具有"以文化人"性，在教育"以文化人"形态中，文化的内容是经过选择的。"文"是化的中介，"人"是教育的主体。"如果说教育的本质是'社会主体与个人主体间的文化互相传承'，那么教育的本质功能就是'传承社会主体与个人

---

① 庞桂美：《闲暇教育论》，江苏教育出版社，2004，第137页。

主体之间的文化'。一方面,把社会主体的文化按社会主体或个人主体的需要传承给个人主体,其结果是社会文化个体主体化;另一方面,把个人主体的文化按社会主体或个人主体的需要传承给社会主体,其结果是个人文化社会主体化。"①从这个意义上说,休闲是教育必不可少的元素。

休闲缓解社会压力

随着社会生活节奏的加快,各行各业的人们都感到生活的压力越来越大,教师也不能例外。休闲是舒缓人生压力的良药。一方面,教师休闲缓解自己的生活和职业压力,另外一方面教师通过自己的休闲带动社会其他人群的休闲,从而使整个社会逐步健康化。休闲,让人们处于一种完全安静的状态、一种灵魂完全打开的状态。在这样的状态中,人们能够暂时摆脱世俗的羁绊;在这样的状态中,人才更像一个人,能够思考一些纯粹的、和生命本真有关的东西。休闲,让人们匆匆前进的步履稍微停歇,让人们有时间去清扫心灵的灰尘,让我们这个过于紧张的社会不再时刻绷紧生命之弦。

二、休闲障碍:荒芜精神家园的潜在危险

我所知道的那些成年人仍然沿着自己的道路快乐地前行,但他们是乏味的、感觉迟钝的,当然你也可以说他们是"幸运"的。而我们和他们不同,我们是危机、叛逆和生活变迁的幸存者。你要继续生存下去就需要有幽默感、舒畅的心情,并拥有一种能使你无拘无束的哲学,这样,你才能坦然面对人生。

——古德曼

---

① 转引自庞桂美:《闲暇教育论》,江苏教育出版社,2004,第136页。

休闲生活自古就有,但它的种类和内容因历史时代、社会形态不同而存在很大的差异。在古代社会,人类的工作和休闲并没有严格的界限,休闲的时间也很充裕。古人崇尚闲趣,追求与自然亲近的生活,所谓:

　　　朝吟风雅颂,

　　　暮唱赋比兴,

　　　秋看鱼虫乐,

　　　春观草木情。

　　这都是古代休闲的真实写照。休闲之于当代社会的人不仅仅是空闲时间多了、丰衣足食了,更是人的一种精神态度和存在状态的变化;不仅是为了恢复体能,而且也为了有一个美好的精神家园——在休闲中获得精神的自由,从中享受生命的意义,寻求快乐的人生。但是,从有关权威机构的调查结果,我们可以发现:理想与现实总有一定差距,今天的人们存在不少缺憾,并不能领悟休闲的真谛。现代社会,物质生产的节奏越来越快,人们的工作与休闲生活逐渐分化。对大多数人来说,工作要占据生活中的大多数时间,休闲一直在减少。在某种程度上,休闲似乎变成了现代人的一种奢望。在这样的社会大环境下,教师的休闲也存在诸多障碍。

时间障碍

　　从某种程度上来说,充足的自由时间是休闲的必要保证。如果时间上难以保证,那么休闲只是妄谈。一般认为,教师假日很多,完全拥有足够的自由时间,但实际上时间亦是教师休闲的首要障碍。

　　随着经济社会的发展,社会闲暇时间日益增多,人们已经不再需要不分昼夜地为生活奔命,但是越来越激烈的竞争使整个社会陷入浮躁之中,人们普遍只关心"成功"与"失败",休闲被忽略。人们不再思考内心世界的丰富、快乐、幸福以及其他简单的愿望,过多的压抑导致许多压力的产生。很多人似乎不会享受简单的快乐与幸福,也越来越不知道自己真正喜欢和需要的东西,整天像一部上满了发条的机器,围着工作转,围着他人转,身心俱疲。为了追求"成功"、避免"失败",休闲时间变为人们的假日工作时间,因为大家都恐惧休闲:这一刻的"休闲"可能就意味着下一刻的被淘汰。个体的生存空间被各种各样的社会利益所缠绕、填塞,如职位晋升与学历文凭的关系、岗位需求与业务技能水平的关系、社会劳务市场需要与个人生活劳动技能的关系等等,个人无法摆脱这种利害关系去追求内心的自由与平衡,享受生命的自由与快乐。再多的闲暇时间,也都是为工作做"准备"。

教师自然难以避开社会生活的游戏法则,他们也必须承担高节奏生活所带来的巨大压力。教师又是一个特殊的职业,很多情况下,教师的工作时间与休闲时间难有严格的区分界限。从某种意义上来讲,一天二十四小时都是教师的上班时间,他们随时可能被学生"打搅",随时准备进入工作状态。大多数教师并不满意自己的休闲生活,但是迫于现实的生活压力不得不"如此休闲"。他们不能"自主"休闲,甚至很多教师都会产生这样一种感觉:每天都很忙,但同时又找不到自己忙碌的意义是什么。

长此以往教师们容易产生一种时间饥渴症,进而产生职业倦怠感。古代雅典哲学家曾指出,对时间的饥饿不会导致死亡,它的后果是"让人感觉从未生存过"。也就是说,一个人从来没有任何时候生活着,总会有下面的事情等着去做,总是盘算着自己还要得到什么。这种生活模式造成的躁乱的心理状态,使人们处于长期的焦虑和压抑之中。很多幸福问题的研究专家认为,生活压力已经成为现代社会的最大杀手。美国休闲学家杰弗瑞·戈比认为:"总是有事要做的心理表明一种文化的延迟。我们仍然觉得我们需要突击,需要消费,需要永久地保持忙碌状态。这诸多需要并非现实生活中真的有那么多事需要去做,而是我们对时间的畸形态度造成的。"①在匆匆忙忙的步履中,很多教师过着一种压缩的生活,休闲被教师们以逃避的方式忽略或者遗忘。更严重的是,有些教师似乎并不认为休闲时间少是一件坏事——因为在很多人看来,忙是成功的常态,只有不成功的人才"闲"着。

李宗盛低沉苍凉的歌声:"我们来来往往,匆匆忙忙,从一个方向到另一个方向,忙,忙,忙,忙是为了自己的理想,还是为了不让人失望……"

忙忙碌碌的教育生涯让教师失去了什么?休闲时间的缺乏使教师的创新热情和创新能力受到极大的损害,难以安静下来专心致学。教师缺乏休闲时间,学生也日渐浮躁——既难以静心来搞学习,也难以静心"休闲"。学生不会合理利用时间,导致自己常常处于紧张状态,感觉时间不够用。

心理障碍

休闲的心理障碍主要是指教师难以达到真正的休闲状态。判断一个人是否处于休闲的状态主要是看他是否是自由的——在休闲的状态中,个人能够忘记时间流逝,意识不到时间的存在;是自足的,休闲的意义主要在其自身,具备自身意义的独立完整性;是高度投入的,以享受的心态度过;是自发性的,而非受到情境制约的规定性活动。人们缺少休闲的心态,即随心所欲,以欣然之态,做心爱之事;于各种社会境遇随遇而安;独立于自

---

① [美]杰弗瑞·戈比:《你生命中的休闲》,云南人民出版社,2000,第69页。

然以及他人的束缚;以优雅的姿态,自由自在地生存这样一种心态。休闲首先是要心无羁绊,但是教师常常很难做到这一点。牵绊太多导致难以理解真正的休闲的美妙状态。

受传统文化的影响,我们对休闲的评价一直不高。"传统中国社会中,其价值观念,思想理论不能给休闲赓续找到依据,其教育传承、方法手段不能支撑休闲的支持发育,最终休闲未能在中国这片大地上开花结果,而这片大地曾经创造了灿烂文明。这不能不说是中国文化的一个重大的遗憾,而这一遗憾直到今天还或明或暗地影响着我们。"①这些原因导致大家都不敢休闲,轻慢休闲。在有些场合,尤其是在校园里,人们甚至认为,谈休闲简直就是偏离主题,所谓休闲其实就是不务正业的代名词。在这种文化氛围中,不敢休闲成为一种常态。

虽然我们的日常生活中到处可以见到休闲的影子,诸如"休闲文化广场","休闲度假村","休闲书屋"之类的宣传牌不计其数,但其实在很多场合人们都只是简单地把"休闲"等同于"娱乐",存在误用休闲的情况。休闲并非一个简单的概念,而是一种复杂的社会现象,休闲使人成为人,休闲是文化的基础。"如果一个人由于别人的帮助能够欢悦地行动,获得直觉上的价值,并开始能够坚定自己的信仰的话,那么他就可能会感到自己对于这个世界及其中的生活的责任;但这一切并不是因为他们喜爱忍受,而是因为他们通过休闲开始能够这样思考:生活和世界是有意义的。"②所以,从本质上来讲,休闲是对生命意义和快乐的探索。而与休闲相比,娱乐一词的用法似乎更加具体而有限。庞桂美在《闲暇教育论》中说到,娱乐

---

① 卢元镇:《休闲的失落:中国传统文化的遗憾》,体育文化导刊,2007(1)。
② [美]约翰·凯利著,赵冉译:《走向自由——休闲社会学新论》,云南人民出版社,2000,第281页。

与休闲不是同一层面的概念,娱乐是一种休闲的方式,但休闲却不能等同于娱乐。娱乐是休闲的一个层面,某种意义上它与"消遣"是同一层面的概念,它是人们对休闲的一个相对初级的理解,这一理解是以"工作和休闲是分离和对立的"为前提的。简单化理解休闲,降低休闲的品质,自然谈不上真正享受休闲,休闲的价值也就没有充分被挖掘。

越是休闲越是感觉疲累也是让教师产生休闲心理障碍的原因。2001年度,文化部重点课题"闲暇时间:中国公众文化精神生活现状的调查与研究"显示:

从总体上看,被调查城市居民的闲暇时间明显增多,但休闲时间数量和活动质量相比,后者是薄弱环节。整个社会对闲暇时间的价值缺乏正确的认识,休闲教育在中国还是一片空白。休闲时间的利用与分配不科学,休闲活动单调,活动种类不丰富,趣味不高雅是存在的主要倾向。无所事事、头脑昏沉,沉湎舞厅、通宵达旦,暴饮暴食、一醉方休,闲逛商场、挥金如土等"休闲综合征"浪费了人的生命,亵渎了人类的精神家园。"逃避责任和压力"、"消磨时光"甚至成为休闲的主要价值取向。人们不能对闲暇时间作以科学的计划,对闲暇时间的利用与分配缺少科学性、合理性;不能把闲暇时间作为树立正确的价值观而加以利用,不会利用闲暇时间充实丰富自己;不能合理地使用闲暇时间去重新扩大创造力量,并进一步丰富业余生活;更不能很好地履行自己的社会职责。

在这种种因素的影响下,休闲不仅难以成为教师生命中的乐趣,不仅无助于教师生活和生命质量的提高,而且成为一种负担。如此一来,教师自然更加从心理排斥休闲。

经济障碍

如果从活动的角度考察休闲,我们不难发现,休闲是需要经济支撑的。特别是一些所谓的"高雅"休闲活动(比如高尔夫等),如果一个人的经济实力没有达到相应的水平,他根本就没有能力消费和享受。教师群体收入水平偏低这是不容否认的事实,尤其是偏远贫困地区的教师。作为社会中低收入者的教师,很多时候即使有心休闲,也不得不考虑自己是否有能力为昂贵的休闲费用埋单。

此外,生产力在提高,人们的生活节奏也越来越快,生存的压力越来越大。人们崇尚物质,越来越功利和现实,"成功"和"失败"成为人们日常生活中思考的重大问题。人们不再留恋旧日的一些美好,都拼命追求金钱、权力和地位,为此人们不放过任何使自己"优秀"的机会。在这样紧张的生活氛围中,休闲被视为浪费生命,不务正业。长久以来,人们认为只有那些不成功的人才有时间去休闲,那些成功的人总是有各种各样的事情要打理,因此人们并不反对忙碌,反而把忙碌当做"好事"。中国一直缺少完整的休闲文化体系,社会大环境使不休闲成为教师的一种常态。

现行教育体制也让教师不敢休闲和不能休闲。现行教育体制当然有它不能抹煞的优点,但是它的缺点也是显而易见的。让教师缺少自由感就是一个很大的缺点。大学都要受到各种各样的束缚,不再是自由之所,更不用说中小学了。现行教育体制让学校和教师承担了太多额外的责任和负担,增添了很多休闲的障碍。

三、享受休闲:给教师的建议

开展休闲教育,克服内部阻力

教师要克服休闲的障碍,充分享受休闲,需要从克服内部阻力开始。

首先,教师要消除心理障碍。我们可以为教师开展休闲教育。休闲教育是启发人们认识休闲的意义,获得休闲的知识、形成自己的休闲态度、学会基本的休闲技能。它既是为提高休闲生活质量而进行的教育,又是把休闲作为一种教育的情境,在休闲中进行的隐性教育,包括个体将自己的需要、价值观、各种能力与休闲联系起来,逐步的理解自我、理解休闲、认识休闲与自己的生活方式及社会结构的关系,获得综合发展的教育过程。休闲教育家曼迪和 L.奥德姆认为,休闲教育是:

一场使人能够通过休闲来改善自己生活质量的全面运动;

一个使人明确自己休闲价值观和休闲目的的过程;

一种使人们能够在休闲中提高自己生活质量的方法;

为了帮助人们自主地确定休闲在生活中的位置;

为了从休闲的角度认识自己;

一种贯穿于从入幼儿园以前到退休以后的终生教育;

与人们休闲需求、休闲价值趋向和休闲能力有关的活动;

一种通过扩大人们的选择范围,使他们获得令人满意的、高质量的休闲体验的活动;

一个人们借此决定休闲行为的过程,根据其目标评价其行为的长期及短期结果的过程;

一场需要多种管理机制和服务体系共同发挥作用承担责任的运动。①

具体而言,休闲教育包括这样几个主要方面:(1)提供信息以确保人们懂得抓住现有的和潜在的机遇;(2)通过正式的和非正式的教育,帮助人们发展智力的、社会的和具体的技能,这对于一个人能否令人满意地参加任何一项活动来说都是至关重

---

① [美]杰弗瑞·戈比著,康筝译,田松校译:《你生命中的休闲》,云南人民出版社,2000,第 301 页。

要的;(3)通过阐明兴趣和价值的含义,向受教育者提供引导和劝告,以使个人的兴趣和价值能与那些最值得让人追求的活动相吻合。

休闲教育的核心任务是培养相关技能和知识,使受教育者能够有效地利用休闲来满足社会和自身的需求。掌握休闲技能的人能够通过休闲活动更好地实现自我和社会的融合。休闲教育就是教人学会合理、科学、有效地利用时间,学会欣赏生命和生活,学会各种形式的创造,学会对价值的判断,学会选择和规避问题的方法,学会能促进身心健康的各种技能,促进人在"成为人"的过程中获得自由而全面的发展,使整个人生充实、快乐且富有意义。

休闲教育的主要内容包括以下几个方面:第一,休闲观念或态度,包括这样几个部分:意识到休闲是生活的重要组成部分,明确休闲的意义等;理解休闲与学习的辩证关系,了解自己在休闲方面的爱好,兴趣和偏向;认识到自己有权利和能力去安排、利用好自己的休闲时间。第二,休闲价值观与休闲行为的选择。第三,休闲知识与技能,包括:根据自己的休闲知识和技能,去设计有意义的休闲活动,并能顺利实施以获得休闲享受;第四,能不断探索有新意的休闲方式,并能不断调整与创新。

当然,我们也要认识到目前我国系统、科学的休闲教育理论还没有建立起来。相当多的人还不够重视这个问题,甚至还存有抵触心理,休闲教育的社会支持系统还不够完善。为教师开展休闲教育还存在很大困难,不仅休闲教育的资源不够充足,而且教师是否愿意接受休闲教育,也是一个未知的问题。开展休闲教育其实是增强教师对于休闲的理智认同。不可否认,理智是人们正确休闲的重要前提条件,但仅仅依靠理智的认可是不够的。社会实践证明,人们自觉投身于某种活动,除了有理性指导的因素之外,还有情感激励的因素,而休闲是建立在主体充分自由选择基础上的,其情感色彩更浓,单靠理智认同并不足以克服许多不合理的情感。梁启超对此有过解释,他认为理性只能叫人知某事该做,某事该怎样做法,却不能叫人去做事,能叫人去做事的只有情感。① 因此,要从根本上克制人们不合理的情感,还需要培养能足以排挤和代替它的吸引力更强的合理情感,而这也是一项艰难的工作。

其次,教师要尽量克服时间和经济障碍。经济上的富有是重要的,我们经常说富贵吉祥,"富"才会"贵",富有才会从容。当我们在经济上富有的时候,就会显得大气,不会过分地斤斤计较,不会过分地在乎那些名和利。所以教师手中要有积蓄。教师心中也要有盼头,即有目标、有追求、有所成就、有所向往,只要教师有这样的意愿,就能克服时间的障碍,拥有幸福的人生。

培育休闲文化,消除外部阻力

教师消除休闲的外部阻力可以从培育高品位的休闲文化着手,这需要教师和社会的共同努力。

但凡一个社会所生产的物质财富足以养活一个有闲阶层,这个社会就有可能出现休闲或类似休闲的活动。然而,在中国几千年的封建社会中,这类活动虽然忽强忽弱地出现过,但始终没有形成独立的文化体系。另一方面,"自然是自然而然的,文化则是能动的人所创造出来的,并且是在一定的意志和目的的驱使下,在一定的思想指导下创造出来的。"②这表明,我们不仅有必要而且有可能提升休闲文化的品位,让人们在

① 转引自谢洪恩:《论我国休闲文化生态系统的构建》,社会科学研究,2005(6)。

② 张岱年,程宜山:《中国文化与文化论争》,中国人民大学出版社,1997,第8页。

休闲文化的浸染下敢于休闲，主动休闲。休闲文化，是指"人们在闲暇时间，经过主体充分自由选择和纯粹兴趣所致（超越一般功利目的，如钱、权等），用于自我享受、调整和发展的观念、态度、方法和手段的总和。"①休闲文化以"态度的形式"孕育着人的思想和精神。人在休闲的文化氛围中，有独立、宽松的思考时间和空间，会激发主体对未知世界无穷探索的欲望，能进一步发挥和提升人的开创性。

文化是有品位的，文化品位"最本质，最核心的东西应是指文化形式中所蕴涵的思想高度，科学理性程度和文学艺术深度。""人类的文化创造和文明发展过程实质上就是文化品位不断提高和深化的过程。人类的产生和发展过程也就是在改造客观世界和主观世界的实践中，自身逐渐被文'化'的过程，因而追求文化的高品位，高档次，是人类进化和全面发展的不竭动力。"因此，学校理应不断地提升休闲文化的品位。

培育高品位的休闲文化要能够体现潜在的休闲渴求，即：

（1）休闲的健康文明。随着社会文明的进步，人的自我信念的提高，培养良好的礼仪、教养、道德情操、社会公德、爱护自然以及爱护动植物、爱护生态环境的意识，注重人际关系的和谐应该成为休闲生活的新时尚。教师需要休闲内容和方式的健康清新，通过休闲促进身心的健康，以充沛的精力信心十足地投入新的生活与创造。

（2）追求内在美和人性美。金钱可以买到时装、金银首饰等物质财富，却买不来人的风度与儒雅、教养与仁礼。教师需要追求内在美和人性美，需要培养更加丰富的感情世界，需要更坚定追求真、善、美的信念并在休闲中全面展示自己的个性

---

① 谢洪恩：《论我国休闲文化生态系统的构建》，社会科学研究，2005(6)。

与才干。

（3）追求生命质量。马尔库塞说，"人的解放并非物质层面的解放，经济学的解放并不等于哲学——文化的解放，理性的自由并不等于感性的幸福。人的解放的根本标志和现实途径，便是以艺术——文化为手段的心理——本能压抑的消除。"①"天人合一"的价值取向、生态哲学的精致理想、可持续发展的高瞻远瞩，既是提高人的生命质量的需要，也是人的生命质量提高后的一种自我超越。

（4）重视休闲的精神文化性。普遍有闲的社会必将取代以就业为基础的工业社会。人们对生活质量和生命质量的日益关注，表明了人们普遍地感受到文化精神的至高无上性。教师的休闲要眷注内心，重视精神生活，正如我所言：

眷注内心，重视精神生活是有品位的人生的重要方面。这就需要经常给自己的心灵一个节日，让身心放松，静静地体会一下生命的纯净。要知道，内心的宁静才是真正的休闲。苏东坡赞美西湖诗曰："欲把西湖比西子，淡妆浓抹总相宜"。（《湖上初雨》）西湖如此，西子如此，每个人的人生也应如此，该浓则浓，该淡则淡，浓淡相宜。该浓时，就浓它过轰轰烈烈，撼人心魂，"乱石穿空，惊涛拍岸，卷起千堆雪"；该淡时，就淡它个心如止水，沉稳恬静，"采菊东篱下，悠然见南山"。得意淡然，失意泰然。沉潜下来，潜心体味，与真理为友。记住："心不欲杂，杂则神荡而不收；心不欲劳，劳则神疲而不入。"

提升休闲文化的品位在某种程度上具有文化创新的意义，在这一过程中有两个问题需要注意。第一，人类的创造活动及其成果受到历史上已有成就的规定，因而具有积累性和

---

① 转引自马惠娣：《休闲：人类美丽的精神家园》，中国经济出版社，2004，第110页。

规则性。这不仅适用于物质文化,也适用于观念文化。同时也要看到,观念文化创造比物质文化、制度文化创造有更多的偶然性。也就是说,在这一过程中不仅要从各个社会、各个时代遗留下来的文化传统中吸取养分,又要进行大量的现代文化的创新。第二,提升休闲文化的品位并不代表就要否定品位比较低的休闲文化。由于种种原因不同的个体乃至社会群体必然在文化教育、知识修养水平方面会有不同,进而导致人们在文化情趣、文化需求等方面存在很大的差异,形成文化品位上的差别。提升休闲文化的品位说到底也是为了创造良好的,适合休闲生长的社会环境,让休闲有更好的生存空间,让教师能够有更多的休闲可能。

提升教师的休闲文化品位,是催生创造力的不可或缺的有机土壤。思想需要经验的累积,灵感需要感受的沉淀,最细致的体验需要最宁静透彻的观照。累积、沉淀、宁静观照,只有在休闲中才能喂养出。忙碌、奔波,"使作家无法写作,音乐家无法谱曲,画家无法作画,学者无法著述,思想家变成名嘴,名嘴变成娱乐家,娱乐家变成聒噪小丑。"忙碌确实是一种病毒,甚至让我们忘记了一天天奔波的理由。惟有休闲、逗留,方能停歇,方能创生。正如清代文学家张潮(1650—?)在《论闲与友》所言:

能闲世人之所忙者,方能忙世人之所闲。人莫乐于闲,非无所事事之谓也。闲则能读书,闲则能游名胜,闲则能交益友,闲则能饮酒,闲则能著书。天下之乐,孰大于是?

古人亦云:"人之心胸,多欲则窄,寡欲则宽。人之心境,多欲则忙,寡欲则闲。人之心术,多欲则险,寡欲则平。""人之心事,多欲则忧,寡欲则乐。人之心气,多欲则馁,寡欲则刚。"[1]

---

[1] 原著[清]金缨,张琪译注:《格言联璧》,山西古籍出版社,1999年9月第1版。第22~23页。

对比刺激欲望,欲望催生追求,追求滋生忙碌,忙碌迷失自我,一连串的多米诺骨牌再现了休闲、闲适的必须。

提升休闲的文化品位就是幸福,幸福就是充实,就是闲适。所谓充实就是没有空虚感、匮乏感,没有内在的紧张、焦虑;所谓闲适,就是内心平安、自由自在,没有为生计奔波的劳累之苦,没有杂物压身的乏心之累。享受几缕闲暇,能安然坐于湖畔山边,看夕阳落下,看朝阳升起,这本身就是一种幸福。教师需记住:若你永远不能休息,你就将永远休息。享受闲暇,就是享受幸福人生;提升休闲的文化品位,就是提升你人生的文化底蕴。

第 二 辑

教师的解放

1 教师的解放

中小学教师负担过重、劳动强度过大已成为不争的事实。焦虑、过敏、抑郁、偏执等特征与倾向普遍存在于一些教师身上，说我国中小学教师是全世界最辛苦的教师恐怕也并不过分。我国中小学教师人均日劳动时间为 9.67 小时，比其他岗位的一般职工日平均劳动时间高出 1.67 个小时，其睡眠时间比一般职工平均少 1 小时，娱乐时间少 0.5 小时左右，积累起来，年超额劳动时间为 420 小时。难怪有人调侃道：教师是每天"两眼一睁，忙到熄灯"，到头来却是"两手空空，脑袋空空"。据《北京市卫生统计资料汇编》显示，2001 年北京市人口平均寿命 75.85 岁，但知识分子平均寿命要低于该数字，其中，教师的寿命尤其偏低。

中小学教师负担过重的原因究竟在哪里呢？据我个人有限的经验来判断，大概有这样几方面的原因：

首先是教师的编制过紧——编制过紧导致工作量过大，绝大多数中小学教师一周上课量均在 16 节以上，平均每天三到四节课，再加上要备课、批改作业、管理学生、在职学习与培训，整天忙得焦头烂额。教师在校工作时间长，劳动强度大；学生多，批改作业多；工作空间小。当他们面对紧急、意外、难堪等情况时，情绪与行为便易失去控制，甚至表现出歇斯底里。我们很多党政机关人浮于事，可对中小学教师的编制如此之紧，是不是有点"欺软怕硬"?

其次是社会对教育的期望过高。社会和家长对教师的要求过高,学校的制度也越来越细,造成了对教师过重的心理压力和精神负担。在很多人看来,教师就该如何如何,这造成了对教师的精神禁锢。回顾历史,虽说也流传着"家有隔夜粮,不当小孩王"的古训,但曾几何时,在"天地君亲师"的条幅之下,教师毕竟还拥有着毋庸置疑的尊崇地位。如今过去的荣耀在逐渐消退,现实的压力却与日俱增。作为教师,每天必须面对的是学生,"为人师表"是这一职业的特殊性,这迫使教师常常不得不掩饰或压制自己的负面情绪。长此以往,日积月累,很容易让人背上沉重的心理包袱,甚至产生情绪障碍和疾患。

再次是一些职能部门经常对学校指手划脚、吆三喝四,各种接待、检查、考评应接不暇,简直是把学校当成了滥施淫威的场所。在这样一种缺乏亲和力与尊重的工作环境和氛围中,任谁恐怕都要产生压抑感和倦怠情绪。

第四是学校人际关系不够单纯,一些"扶持一小撮,打击一大片"的制度、措施,使得教师之间产生了恶性竞争,产生了不应有的内耗,耗费了教师的精气神,毒化了人际关系。

第五是教师教育观念陈旧落后,对学生要求过苛,管得太多,缺乏等待的心情。今天,我们的教育非常需要无为而治的心态,干吗对学生要有那么多的要求,为什么不能任其自然一点呢?

第六是学校生活缺乏挑战性和活力。其原因在于条条框框太多,自主发挥的空间太小,现行的教育教学体制管得太多,统得过死,只能使人变成死教书、教死书、教书死的教书匠。这就使得中小学教师的工作比较单调和枯燥,几乎是一年又一年地重复前人和自己。教师长期以一种相同的、没有活力、缺乏激情的姿态紧张工作,怎能不生厌倦? 难怪有教师说:"做教师能让你变得麻木。"

最后是教师的教育素养和能力不够理想,有待提高。同样的工作量,如果你具有过硬的本领,在他人看来很繁重的工作,你也能举重若轻、应对自如、胜任愉快。负担过重、压力过大的危害是巨大的。那就是损害了教师的身体健康,危害了教师的精神健康,妨碍了教师的成长与发展。忙碌是一种病毒,它使得我们慵懒、麻木、平庸和琐屑——当教师每天拖着沉重的脚步,带着疲惫的心身回到家中时,就只能是"沙发上的土豆",看书学习就成了心有余而力不足的事情。久而久之,连翻书的欲望都没有了,哪里还能指望教师探索和钻研? 而没有知识与思想来滋养心灵与生命,哪来分享、交流的内在需要? 甚至使得有的教师与学生的矛盾多了、摩擦多了、纠纷多了,教师自身的困扰多了、烦恼多了、问题多了。如此一来,教师就容易形成职业倦怠感,教学就可能成为敷衍和应付——敷衍和应付,何来教育的高质量?

　　我一贯反对对于教师过高的和过多的要求。社会要求教师奉献就意味着社会对待教师不够公正。但教师自己乐于奉献那是另外一回事。作为一个人,一个生活者,自觉地追求人格的崇高境界,受益的首先是我们自己,你会发现你是一个受人尊敬和受人欢迎的人,你会发现人际关系的和谐与温暖;其次最大的受益者就是你的亲人,你的孩子——你是他们的骄傲与自豪;最后,才是你的学生,整个社会和国家。

　　全社会从各个层面上来形成合力解放教师已是刻不容缓的事情。如果不这样,首先我们愧对教师,另外,这也是关系到国家与民族未来的大事。当然教师自身也有调整心态、校正观念、提高素养、自我解放的必要。世界其实就是我们自己,当我们以光明、正直、昂扬、乐观的态度去看待生活,我们就会生活在光明、昂扬、乐观、向上的生活中,这就是所谓的"境由心生"。给自己更多的积极的心理暗示,相信信念的力量,这也是教师解放的应有之义。

　　随着我走进越来越多的学校,随着我结识越来越多的教师,看到他们敬业、忙碌的身影,我心中蕴积的一种情愫就越来越丰厚、越来越强烈,那就是对中小学教师真诚的、深深的祝福。

　　教师是一种职业,一种古老的职业,一种将与人类共在的职业。随着社会文明的不断进步,很多职业,诸如警察、军人、侦探、保安、门卫等都将消失。但教师这个职业是不会消失的,它将永存。正是她,传承着人类文明的薪火。

　　教师无疑是我们这个社会中最有教养、最为纯洁和最为善良的一个群体,也是我们社会中最大的知识群体。他们的劳动也是极其有意义的:关系着民族的未来,关系着我们这个社会的安全、和谐与温暖,关系着每一个人对待生活的态度,关系着每一个人生命的质素。

　　然而,我们的许多教师,特别是广大经济欠发达的农村地区的教师,仍然在十分艰苦的条件下工作着,辛酸中透着无奈,他们的生存状态令人担忧。如果教师们连生存危机都没有摆脱,我们对于教师的一些要求就不能理直气壮;如果那些身肩要职的人们,无视他们的存在,无视他们所面临的困境,不是切实地帮助他们改善工作与生活条件,那么无疑是严重的渎职与失职。而那些将中小学教师作为敛财对象的人是可耻的,那些为敛财者为虎作伥、助纣为虐的人也是可耻的。

　　一切富有正义感的人们，一切真正的爱国者，都应该行动起来，为改善广大农村地区教师的生存状态而努力。而我自己，作为一名教育理论工作者，我愿意为提高教师的工作效率，为提高教师的专业素养，从而使他们对于工作能够胜任愉快，做出自己的努力——我愿意去广大贫困地区对教师义务培训，其具体形式可以有：学术报告、教学诊断、上公开课（将我对于有效教学的理解体现在课堂之中，以便作为教学案例来剖析）、现场对话，等等。

　　我真诚地祝福教师，我也吁请一切有良知的人们关注教师，真诚地帮助那些需要帮助的教师，让他们能够深切地感受到人间的温暖和世界的美好。

　　雨停了，风起了，春寒料峭，月朗星稀……你走在地球的哪一个方向，谁走在你的身边？我真诚地祝福你，我的同事，我的朋友，我的兄弟姐妹——"阳光总在风雨后，请相信一定有彩虹。"

3 名师不可"仿"

　　我听过几位名师的课,他们的确有一些共同的值得肯定的地方,比如热情洋溢、活力四射;比如声情并茂、情真意切;比如师生平等、水乳交融等。他们所代表的先进的教学理念是值得学习的,他们的成长之路也值得研究、借鉴,但他们的示范课的招式却不可简单模仿。

　　陆国强先生在《慎仿名师》一文中写道:"一次,我校几位青年教师有幸听了全国著名特级教师于永正老师的一堂作文精品课,其中有一个细节给他们留下了深刻的印象,于老师给学生习作打了 100 分、120 分、500 分,乃至 1000 分的高分。回校后,这几位老师便相继效仿,将这一绝招用于平日的习作教学中。

　　"平时中等偏下水平的学生得到了羡慕已久的优等分,优等学生则冠以从未想过的几百分,学生的习作热情空前高涨,个个沉浸于成功的亢奋中。

　　"两个月后,好学上进的青年教师收到了许多信息:一是自觉积累、认真构思、反复修改的学生少了;二是学生间互相攀比分数,以高分逞能,以高分讥笑低分的现象屡有发生;三是学生们忧心忡忡,不知老师把高分抬到什么程度为止;四是许多家长认为这是一种浮夸风;五是同行们提出质疑:学生习作中的'含金量'提高了多少? 能否达到教学的真正目的?"

陆国强先生谈到的这个事例是很有说服力的。名师的示范课是在特定的情境中进行的，它追求其特定的目标，譬如有一定的观赏性，这也有特殊的价值。

大家不难发现，活跃在中国教育界的名师基本上是语文老师，原因何在？细究起来，大概有这样几层原因：首先是由于语文的课程内容富含丰富的人文因素，有着广阔的情感体验的空间，更易于创造具有活力和生命化的课堂，更易于使教学具有感染力和观赏性；其次是由于语文老师语言表达能力、写作能力比较强，对自己的教学能较好地作出概括、反思和总结，从而使得"自我推销"的能力也比较强，更易于扩张自己的影响力；再次是由于语文是一个十分重要的学科，甚至可以说是最重要的学科，特别是基础教育阶段。中国古代教育的内容，从今天的课程分类来看，其实差不多都是语文——文学、历史、哲学、天文、地理、历法等都可以冶于一炉。

这至少可以给我们两点重要的启示：其一，教育的内容应该是人性化的，而不是冷冰冰的，要有趣味性，要富含人类的情感，要与学生生活经验有比较密切的联系，即使是科学教育，也应努力营造富有情感的学习氛围；其二，教师的语言修养、自我反思的能力和明确的教学追求也是极其重要的——这不仅对于教师的个性表现力和个人影响力的扩张是重要的，对于真正成为一个优秀的教师也是极其重要的。

有人说，最上乘的武功是"手中无剑，心中有剑"，无招胜有招；最上乘的教学方法是"随风潜入夜，润物细无声"，无声胜有声。简单的模仿，很可能是东施效颦、邯郸学步，而着力提高自身综合素质，创造性地生成教学的策略，才能游刃有余、左右逢源。

4 教师的五项修炼

我曾提倡,美育,从教师的仪容开始;德育,从教师的言行开始。人是环境的产物,而我们每个人都是构成他人生活环境的一部分。美学中有一个重要命题:审美对象决定审美主体。教师是学生的重要他人,教师在仪态、表情、口语表达、着装、眼神等方面的修炼就很有价值。

仪态是指人的举手投足、站卧坐行的姿态。古人讲,要站如松,坐如钟,行如风。生命的活力、青春的气息是从人们的一举手、一投足、一颦一笑中展现出来的。只有教师富有活力,洋溢着蓬勃的朝气,才能带给学生有益的影响,也才能创造出充满生命活力的课堂。

一个人的喜怒哀乐都会在表情中显露出来。表情从容、镇定,能控制冲动,使满意持久,这是表情修炼的应有之义;即使遭受冤屈,仍然保持微笑,这就是修养,就是境界。教师对自己的情绪的管理能力,是教师素养的一个方面。我特别欣赏那种从表情上流露出的成熟的自信。

口语表达的修炼不仅包括措词、表达的规范和个性化,也包括语速、音量与语调——在什么样的场合用什么样的口气、语速和音量。怎样使自己的讲话富有美感、动听,令人入耳入心,这是教育艺术与智慧的重要方面。俗话说,眼睛是心灵的窗户,眼睛能传达出许多的信息。教师的眼神应该是友善的、慈爱的、温情的,透着智慧,透着真情。如果教师有一双会说话的眼睛,他一定更有亲和力,更具有个性魅力。

如果教师的着装非常得体,富于美感,能有一种素雅、高洁的品位,那也是教师力量的重要源泉。相反,如果教师的着装显得不协调、不整洁,那就一定会在对学生美的陶冶上大打折扣。

心地要善良,表情要安详,气象要宏大,言说要谦和,举止要磊落,这是对教师的期望,也是受人尊敬和受人欢迎的所有人的共同品质。

5 学而不厌与诲人不倦

在孔子看来,学而不厌、诲人不倦是教师应该具备的两个重要品质。学而不厌体现着教师内心的开放、自强不息和不断进取,而诲人不倦体现着教师的爱心、耐心和敬业精神。

在我看来,学而不厌是诲人不倦的前提、基础和条件。作为教师,只有学而不厌,才能保持内心的开放和鲜活,才会有不断增长的与人分享的内在需要。否则,诲人不倦就只能是无休无止的唠叨、空洞的说教,就只可能教师"教"得辛苦,学生"学"得痛苦,就只可能是"教"的低效、无效甚至负效。

教师学习的方式是多种多样的。当下,对于教师成长有一个很好的概括:专家引领、自我反思、同伴互助。作为教师,如果没有向学之心,即使再高明的专家,恐怕也不能对其起到引领的作用,"我们可以把马牵到河边,却不能按着马的头让它饮水"(约翰·杜威)。自我反思不是胡思乱想,而是有理论支撑的、高度自觉地对自己的实践的回顾与审思——这本身就是很好的学习过程,如果没有一定的理论作为基础,自我反思的效果就会大打折扣。至于同伴互助,是一种相互切磋、相互勉励和真诚分享,这不仅是一种有效的学习方式,而且是团队建设的基础,《学记》中就有"独学而无友,则孤陋而寡闻"的说法。

学而不厌与诲人不倦体现着学与教之间的互动关系，对此，《学记》中也有精辟的表达："虽有佳肴，弗食不知其旨也；虽有至道，弗学不知其善也。是故学然后知不足，教然后知困。知不足，然后能自反也；知困，然后能自强也。故曰：教学相长。"学与教两者相互依存，相互促进，学因为教而日进，而日深；教因为学而益精，而益新。

　　基础教育课程改革的重要价值之一就在于促使教师确立课程意识,即首先需要考虑的还不是如何有效地教学,而是应该带给学生什么样的教育经验,包括什么样的知识最有价值,什么样的主题最值得探索。而这首先需要思考的是:我们究竟要培养什么样的人? 受过教育的人该是怎样的? 教育承担着怎样的职责和使命? 如此一来,教师应该关注的就远远不只是课堂教学行为、有效的教学策略、课堂教学模式等问题,而更应该关注我们为什么需要教育,为什么要开设语文、数学、科学、艺术等课程,为什么要强调课程的综合化,为什么要倡导发展性的教育评价,为什么要开发校本课程。因为教育不只是一个简单的操作行为,而是基于信念的行为。

　　教师课程意识的确立,首先有赖于教师对自身在课程创生中的地位与作用的认识。教师是课程的建构者。这样的课程强调和突出学习者作为主体的角色,以及在课程中的体验。它注重从学习者的角度出发和设计。课程是以学习者实践活动的形式实施的。课程不是外在于学习者,也不是凌驾于学习者之上,学习者本人是课程的组织者和参与者,没有学习者的学习活动,就不存在课程。从心理基础而言,这样的课程比认知过程广泛,强调学习者个性的全面参与,即除了认知过程之外,学习者的其他心理成分同样是实施课程必须考虑的。

教师不仅是课程的开发者和实施者，其自身就是一种重要的课程资源。与课本、学具、标本、挂图、音响和网络这些"冷冰冰"的课程载体相比，教师作为性情中人，最易于和学生进行沟通和交流，使课堂、使教学产生情境性和感召力，从而激发起学生学习的热情和信心。教师能够创造有活力的、富有情感的学习氛围，这也是现代化的教学媒体不能取代教师的重要原因。因而教师的成长也就具有了特别重要的意义。

作为教师，大多承担着某一课程的教学。但您首先是一个教育者，其次才是一个学科的教师。因为不同的学科教学，尽管都有自己一些具体的目标，但均有一个共同的目标，那就是要使学生成为一个自由的人、一个完整的人、一个幸福生活的创造者和民主社会的建设者而发展和成长。学科教学的具体目标，应该自觉地朝向最高的目标，并使其作为一个步骤而存在。

一些学习主题相对于另一些主题而言，的确可能更为重要，那是因为在奠基一个人终身发展和创造未来的能力方面，它们可以发挥更大的作用，但没有什么学习主题是不可或缺的，那是因为公共知识是一个有机的整体，它们你中有我，我中有你；"一滴水可以折射出太阳的光辉"，正如禅宗里讲的"月映万川"。一个学习主题对于人的成长来说，有着多方面的价值，重要的是高品质的学习过程。强调这一点的用意在于教师需要参与课程的开发，更多地因地制宜，更多地关注学生的现实生活的背景，只有这样，学生对于学习才真正有内在的兴趣。课程改革不是一劳永逸的事情，它需要不断地深入下去。改革是现代教育的重要特征，它带来挑战从而为教师的成长提供机会。课程改革不是按照某种指令去完成一项任务的过程，而是一个探索的过程，一个自上而下与自下而上的双向互动的探索过程。而探索本身就是具有教育价值的，因为它带给我们的是进取的意识、开放的心态、学习的内在需要和成长的渴望。

7 鼓励学生大胆猜测

人类认识发展的历程就是不断提出猜测并且不断证实或者证伪的过程。鼓励学生更多地试图对问题做出猜测,是培养学生对于探索的兴趣、解除过多地在学生头脑中充塞已成定论而导致的心智禁锢的重要教学策略。猜测,当然不是毫无根据地胡猜瞎蒙,即使是异想天开的大胆猜测,也需要建立在一定的理性、逻辑、事实的基础上。我们特别应该提倡渗透着科学精神和科学态度的大胆猜测。

在教学中,大胆猜测的过程其实就是一个充满智慧挑战和精神历险的过程,是一个应用已有知识解决新的问题的过程,是一个运用想像力和发挥创造性的过程。比如人类早期,几乎所有的种族和部落,都有生殖崇拜,这究竟是为什么呢? 大概是因为早期人类科学技术不发达,战胜自然的能力比较差,人口的多寡是决定一个族群"发达"程度的重要因素。可是由于当时医疗保健水平很低,人均寿命也很短,婴儿的死亡率却很高,人口的自然增长率非常缓慢。生殖崇拜表明了早期人类的普遍的祈望。

其实,"早期人类普遍存在生殖崇拜"这个命题本身也是带有猜测性的。猜测的根据是什么呢? 那就是大量的考古发现表明,"鱼纹""蛙纹""鸟纹"是许多先民图腾崇拜的符号。而"鱼纹"和"鸟纹"分别是男女生殖器官的象征，"蛙纹"则是孕妇的象征。解释总要做到"历史与逻辑"的统一。

还比如，在人们的观念中，中国特别讲究吃，以至于一些虚构和杜撰的故事中，表明中国人"民族性格"的也是对于"吃"的牵挂与青睐。有一个故事讲，一位美国教授先让他的来自不同国家的研究生看一些关于大象的幻灯片，然后要求他们提交一篇有关大象的作业。英国学生提交的作业的标题是"如何猎象"，法国小姐的作业标题是"论象之恋爱"，德国学生的作业标题是"象类小属科"，俄国学生的作业标题是"论象之存在与否"，而中国学生提交的作业的标题是"论象肉烹饪法"。这个虚构的故事试图说明英国人的绅士文化、法国人的浪漫情怀、日耳曼民族热衷于严密体系的创制、俄罗斯民族的怀疑主义精神、中国人的"民以食为天"的传统。

中国人特别"好吃"，这种"认识"有道理吗？你将做出怎样的解释呢？简单地肯定和否定是不够的，要问一个究竟。我想，可能的解释就是：不同时代和不同民族的人们，有强烈程度大体相同的需要，不同的是构成需要的要素的差别（比如 20 世纪 90 年代以前绝大多数中国人不会有对于私车的需要，但这却是至少近 70 年来绝大多数美国人的需要），以及同一要素（毕竟人类不同的种族和阶层有一些共同的需要，比如饮食）在整体的需求心理中所占的份额（即强烈程度）的不一样。很有可能是在整体的需求中，"吃"在中国人的心理需求中占有更大的份额。而之所以如此的原因又是什么呢？那很有可能是由于中国人长期生活在森严的礼教之中，视听言动都必须符合礼教，而惟有口欲的满足是不违反礼教的。弗洛伊德说，人的内驱力就像一个高压锅中的气体，这些气体总需要找孔道宣泄出来。如果许多的可能宣泄的孔道被堵塞了，剩下不够多的宣泄的孔道，那么通过这些孔道的气流量就会比较大而强烈。

在日常的教学中,无论何种课程都有大量可以让学生提出假设、做出猜测和解释的学习主题。教师应该充分发掘和利用这些学习主题对于激发学生探索兴趣、开发智慧潜能的价值,猜测牵引和推动他们去寻找更多、更可靠、更详细、更有说服力的证据,进而推动学生的拓展性阅读和自主探索,进而发现和提出问题,对问题的成因和解决方法做出猜测。凡是学生有可能自己做出猜测和解释的问题,都应该尽可能地提供给学生尝试错误的机会,这应该成为教学的基本原则。

理论研究无非就是发现问题——这就包括原有的解释不能包容、涵盖的新现象,或者发现另一种同样有说服力的解释,并基于事实和逻辑,不断地修正和完善解释。人类发展的历史表明,探索的人的大脑用进废退。探索的内在需要和智慧,要在日常的学习和生活中来培养。鼓励学生大胆猜测,有助于防止学生的头脑变得封闭和僵化。要发展学生的创造力和探索精神,就需要学生去切切实实经历创造的过程,做出猜测,并试图做出有说服力的解释,这是探索和创造的最基本的形式。在人类认识的长河中,"长江后浪推前浪",我们总是站在前人的肩膀上,分享着前人的探索成果和思想资源,从而有可能超迈前人;创造历史。

在以发明电话而闻名的贝尔实验室的门厅里,安放着一尊贝尔的半身塑像,下面镌刻着一句话:"假如你能偶尔偏离正轨,钻进丛林,你一定能够发现从未见过的东西。"鼓励学生大胆猜测,甚至是异想天开,这是我们中国教育非常需要的。因为我们的教育中坐井观天、墨守成规、画地为牢的东西实在太多。

8 教师成长的策略

　　所谓校本培训,就是在学校中、基于学校、为了学校而对教师所作的培训,它相对于职前培训和脱产进修。没有教师的成长,就没有高品质的教育,这已日渐成为人们的共识。道理很简单,教师本身是课程资源的重要组成部分,教师自身的成长是教育力量的源泉。教师的成长离不开学习。学习不仅是教师丰厚文化底蕴,使自己更具文化眼光的重要途径(正如庄子云:"水之积也不厚,则其负大舟也无力;风之积也不厚,则其负大翼也无力"),学习更为重要的价值在于使教师的内心变得开放、鲜活、细腻和温柔,使教师具有不断增长的分享的内在需要,从而克服对于教学的倦怠感,使教学永远充满活力和内在的感染力。如何通过学习来有效地进行校本培训从而促进教师的成长呢?我概括为如下四点:

　　一是大量阅读,仔细咀嚼。"读书、读书、再读书! ——这是教师的教育素养这个品质要求的。"苏霍姆林斯基在任帕夫雷什中学校长时就规定教师必须读一些教育名著。读书的过程就是与世界进行交往的过程,一个从狭隘走向广阔的过程,它有利于提高人的精神品味,培养教师的读书人的气质。现在太多的教师的阅读量太少,原因固然是多方面的,比如工作量太大,心理压力太大,没有时间也没有心境去阅读。但缺乏阅读习惯是一个重要的原因。这也可以说是我们的教育存在的一个缺憾:没有很好地培养学生自主阅读的习惯和品质。阅读什么呢?我认为中小学教科书就是很好的读物。尽管我们的中小学教科书编得还不很理想,但对教师来说仍是最好的读物。因为在中小学教科书中凝聚了人类的基本经验,那些内容是最基本的、最核心的,是构建我们精神大厦最主要的元素。中小学教科书上的内容我们过去都学过,但今天我们的眼界发生了变化,我们的经验背景发生了变化,去阅读那些我们熟悉的材料,会有新的感怀和收获的。孔子说"温故而知新"。对于教师,阅读各科教科书,还有一个重要价值便是,你可以在自己所教的课程中经常地提及别的课程内容。这样,就能更好地利用学生已有的经验背景,帮助学生融会贯通地理解学习内容,也有助于学生形成对世界的完整的理解。

除了阅读教科书,阅读一些优秀的教育刊物也是十分必要的。办得好的教育刊物上的文章,比较及时地反映了教育界同行们对于教育最前沿问题的思考,会推动你的思考和探索。

另外,要阅读一些滋养心灵、温润生命的书,特别是文学作品和思想随笔。那些文质兼美的作品,会使我们的内心变得温暖、丰富、细腻、鲜活和磊落。

如何阅读呢?我个人的经验是要仔细地咀嚼,再三地玩味,反复地推敲,需要掩卷沉思,一些经典的篇章和段落要熟读成诵。泛泛地阅读当然也必要,但如果没有"熟读精思,虚心涵泳,切己体察",就容易流于浮光掠影、走马观花。没有一定量的可以了如指掌、可以娓娓道来的篇章打底,就会缺乏根基,缺乏底气,缺乏认知的平台,从而缺乏应有的判断力和鉴赏力。

二是深入探索,自觉反思。在实际工作中,你总会发现一些问题,一些现象,你可以有意识地去作一些探索,自觉地实践一些先进的教育思想,并不断地自我反思。著名学者波斯纳提出了一个教师的成长公式:经验＋反思＝成长。有改变才会有成长,你总是要试图去改变一些做法,一些想法,而不是自我封闭,固步自封。比如,什么样的家庭里成长的孩子写作能力比较强?口头表达能力强的学生写作的能力是不是一定就强?语文的学习成绩与其他学科的学习成绩有多大的相关度?

三是及时总结,着力提升。要养成及时总结的习惯,及时捕捉你所听到的、看到的、读到的有价值的现象和表达。古人讲,聚沙成塔,集腋成裘,万丈高楼平地起。积累是十分重要的。在生活的各个方面,成功一定有方法,失败一定有原因。及时总结自己成功的经验和失败的教训,并上升到理性的认识,我们就获得了成长。没有经过理性加工的"经验"(经历和体验)就可能是混沌的、模糊的,所以,"经验的概念化"是智慧发展非常关键的一个环节。从感性到理性,这个认识过程不是一次就完结了的,不是一蹴而就的,而是一个不断修正和不断深化的过程。"教师成长的策略"可以说是我个人经验的一个总结,这个总结不是一天形成的,它有一个不断完善的过程,而且这个过程也远未完结。

第四,团队合作,真诚交流。一个学校的教师,应该是一个团队。团队成员之间的精诚合作,互相真诚的分享和交流,对于彼此的成长,有着十分重要的、巨大的价值。团队中有一种无形的力量使我们成长,因为团队中我们形成了一个精神的氛围,一个心理的场域。有言道:湿柴在烈火中也会燃烧。

真诚的交流所导致的思想的碰撞和交锋,会使得我们对问题认识更加全面和深入,会使一些主题和思想在我们的心中深深地扎根。社会建构主义学习理论,从理论上深刻地揭示了交流、分享、讨论、对话在知识建构中的重要意义。比如说,一个学校的老师共同地读一本书,每周有一个固定的时间来交流和分享,这样就有了一个交流的平台,一个思想交集的空间。老师们会自觉地意识到：为了能在分享交流的时候有所贡献，就理所当然地要提高阅读的品质。通过在团队的分享和交流，我们的认识深化了，我们的内心丰富了。有分享和交流的内在需要，是教育力量的重要源泉，因为分享和交流的需要的反面是内心的麻木和枯竭，这也是教育的倦怠感产生的真正根源。

"广泛阅读，仔细咀嚼；深入探索，自觉反思；及时总结，着力提升；团队合作，真诚交流"，这是最经济、最有效，也是最可行的促进教师成长的策略。长沙的麓山实验学校、浙江金华师范附小、哈尔滨南岗区的复华小学、济南的解放路小学、杭州的胜利小学，以及北京的清华附小、十四中、北方交大附中等学校的经验证明了这一点。

9 写作与教学

所谓写作,就是运用语言文字创制文章的一种复杂的脑力劳动和精神生活过程,它是社会成员之间表情达意、宣明事理的一项社会实践活动。写作过程往往是由物(现象、事情)到感(感触、感悟、感怀),由感到意(思想、主张),由意到文(文章、作品)。我一向认为,能写好文章的人,教学也一定不会糟糕。因为一篇文章的要素与一节课的要素是十分类似的,一个人的能力在这两者之间是极容易迁移的。

美国学者查尔斯·布考斯基对写作有精彩的论述:"通常它是惟一的东西,在你和不可能性之间。没有酒,没有女人的爱,没有财富能够与它相比。什么也不能拯救你,除了写作。它撑着每堵墙不使它们倒下,阻止一大帮人马冲进来。它炸开黑暗。写作是最终的精神病医生,是所有上帝中最慈善的上帝。写作潜步跟踪死亡,紧追不舍。而且写作嘲笑它自己,嘲笑痛苦。它是最后的期望,最后的解释。这就是写作。"的确,只有在写作过程中,外在与内在、经验与幻景、感性与理性才能在一个时空中得到完满的呈现。

一篇文章无非是由主题、素材、技巧和语言四个要素构成。"文章者,所以宣上下之象,明人伦之叙,穷理尽性,以究万物之宜者也。"写文章不论长短和体裁,都必然有一个写作的目的、意图,或是要说明某个问题,或是要发表意见提出主张,或是要表达一种思想,或是要抒发爱恨情仇。主题,就是指通过文章的全部内容表达出来的基本思想、意见、情感、意趣等。主题是一篇文章的灵魂。文章没有主题,如同军队没有统帅一样,就会失去主导力量。哲学家王夫之说得好:"意犹帅也。无帅之兵,谓之乌合。"(《姜斋诗话》)姚鼐则说:"诗文美者,命意必善。"(姚鼐:《答翁学士书》)文不全都是为了载道,但文章总会载道的,因为文章不可能是无意义的字符的堆砌。

好文章由于主题的清新警世、能发时代之先声,因而脍炙人口或具有振聋发聩效力的例子是不胜枚举的。从丰富的积累中,以独特的眼光提炼出新颖而独特的主题思想,才能真正做到"见人所未见,发人所未发"。

古人强调"言授于意",就是说,语言的运用必须由思想内容决定,为表达思想内容服务。文章如果没有明确、鲜明的主题,词汇就是再丰富多彩,也会如同丑陋的女子身着华丽的艳装一样,显得矫揉造作,惹人憎恶。一旦有了明晰而深刻的思想、强烈而优美的感情,哪怕文章的语言质朴无华,也会从字里行间透露出思想的光芒。

要能够写好文章,就需要学识的积累和生活的积累。黄宗羲说:"文章之道,非可一蹴而就者,苟好之,则必求天下之书而读之。"(黄宗羲:《戴西洮诗文题辞》)张继的《枫桥夜泊》这首诗貌似简朴无奇,却写得精练含蓄,意境悠远,韵味隽永,把作者考试落榜、客途秋恨的惆怅心理表露无遗,可见,只有生活阅历深厚,才能与出感人至深的东西。

好的表达,甚至整篇文章都是长期积累,偶然得之。写作的素材往往从我们的积累中来。文章不是无情物,写作贵有真情。所谓"真情",指的是作者发自肺腑的真情实感,是作者在生活中对所借以抒情的事物确实产生了深刻的认识和强烈的感受,而要有真情实感就需要有亲历和体验。情感的细腻、丰富和纯净是心灵的财富，写作只能"为情造文"，而不能"为文造情"。只有当情动于中，不吐不快的时候，虚情假意才可能无处藏身，这时他所抒发出来的真挚感情才能引起读者的共鸣，从而达到感染和教育读者的目的。还是刘勰说得好："繁采寡情，味之必厌。"优秀的作品，无不熔铸着作者的思想与情怀，闪烁着生命的光辉。而缺乏学识的积累和生活的积累，就可能立论和论证或似是而非，引证不确；或单薄浮泛，空洞贫乏。

列夫·托尔斯泰说："感情越是真挚，那么它就越是独特。"（列夫·托尔斯泰：《论艺术》）。庄子说："不精不诚，不能感人，故强哭者虽悲不哀，强怒者虽严不威。"（《庄子·渔父》）这种发自内心的真挚、独特的感受，是与众不同的，是有着显著的个性特征的，表述出来也必然是清新、明晰的。

鲁迅先生也主张文章应有强烈的感情色彩，"热烈地主张着所是，热烈地攻击着所非"。"有真意，去粉饰，少做作，勿卖弄"。古人认为文章要"自胸中流出"，"开口见喉咙"，"见真面目"，这就有自然"本色"；如果文章有"一段精光不可磨灭之见"，那"便是宇宙一样绝好的文字"。

叙述、描写、抒情、议论、说明这五种表达方式，在不同的文体中虽各有所侧重，但在具体文章中，这五者却不是彼此孤立、截然分开的，而常常是互相交织，综合起来使用。有些文章，叙述中有描写，描写中有叙述，在叙述和描写中又融汇着作者浓烈的抒情、深刻的议论和明晰的解说，从而生动深刻地表达了丰富的思想内容，使文章充满了艺术感染力，"文约而事丰，言简而理周"。

古人讲，"文似看山不喜平"。能用新的角度去开掘和解释有人已用过的材料，即要求作者运用慧眼和胆识，善于发现、捕捉和开掘，能从人们常见的事物和现象中开掘出新的道理，对人们司空见惯的事物,能从新的角度挖掘,发现新的侧面,引出新的问题,使文章生动活泼,富有新意和魅力,吸引并打动读者。鲁迅先生指出,"选材要严,开掘要深"。这就不仅仅是写作技巧的问题,它涉及写作者的整个精神修养。

"言之无文,行而不远",这强调的是语言表达的文采的重要性。我们要能够写好文章,就需要把头脑中孕育、构想得较为成熟的文章雏形,运用语言文字在书面上固定下来,完成由"意"向"文"的转化,成为最终的精神产品——文章。在这个过程中,写作主体要寻求恰当的表现形式,要巧妙、妥帖地组织安排各种材料,要灵活地运用各种表现技法和准确地使用语言文字,还要进行增、删、改、调、润色加工,从而使文章畅达、精美。所谓文学性是指语言文字在表达思想情感方面的艺术化特征。

刘勰说:"夫人之立言,因字而生句,积句而成章,积章而成篇。"(刘勰:《文心雕龙·章句》)文章就是由字、词、句这些语言的基本单位组成的。一切文章,其内容和形式,都要靠语言来支撑、充实和装饰,离开语言,就不会有文章写作。养成锤炼语言的习惯,使文章"意"能"称物","言"能"逮意"就十分必要。"吟安一个字,捻断数茎须","为求一字稳,耐得半宵寒","两句三年得,一吟双泪流","百炼成字,千炼成句",这是我国古代作家锤炼语言的夫子自道。

写作中剔除冗词赘句,做到:"丰而不余一言,约而不失一词。"锤炼语言,就是锤炼字、词、句。字、词、句用好了,文章的语言就精粹了。清代文人刘大櫆说:"凡文笔老则简,意真则简,辞切则简,理当则简,味淡则简,气蕴则简,品贵则简,神远而含藏不尽而简,故简为文章尽境。"(刘大櫆:《论文偶记》)著一字而境界出,这就是功夫。

另外,通过写作来进行教学,这在语言与文学、历史与社会等学习领域都是极其有效的。"在今天这个文字密集的社会里,我们比以往更需要具备基本的读写技能。"(未来学家约翰·乃斯比特)而读写技能的培养,就离不开学生的语言实践。

无论是对于学生还是老师,要能够写好文章,广泛阅读是十分必要的(当然,假如阅读不能提供新鲜的思想或是新奇感觉的话,阅读就失去了最本质的意义)。陆机在《文赋》中说,"观古今于须臾,抚四海于一瞬",要有这等功夫,博学自然是必不可少的。只有一本又一本书,才能在创作与教学之路上作为台阶垫高你遥望和祈想的视野。而要创造丰富的课堂,没有丰厚的积累,也是不可能的。

10 成为有思想的教师

关于"思想"，英国现代哲学家维特根斯坦有两个重要的命题。其一即"事实的逻辑形象就是思想"，其二即"思想是有意义的命题"。

我们所说的"真理"，其实就是指的事实和逻辑。事实，即事情的真相。"事实的逻辑形象就是思想"，对于这个命题，其实还有广阔的阐释空间。首先，所谓"事实"，其实都只是每个人眼中的事实，是个人选择的结果——我们面对同一场景总会有意无意忽视什么，遗漏掉什么，也会渲染点什么，夸大点什么；其次，逻辑作为推理的有效的法则，其"有效性"对不同的人而言，其性质和程度也都是不同的，所以，强盗有强盗的逻辑，流氓有流氓的逻辑；文明社会有文明社会的逻辑，野蛮社会有野蛮社会的逻辑。譬如，在野蛮社会中，"有枪便是草头王"，"成者为王，败者为寇"，这似乎都是天经地义的；可在文明社会，"有枪便是草头王"，不过是强盗的逻辑；文明社会的逻辑是在法律的框架内的公平、公开、公正的竞争。

由此看来，逻辑作为公理、法则，也是有域限的、有条件的，譬如说，"大前提、小前提、结论"作为三段论推理形式，并不能保证结论是正确的，如果"大前提"是错误的话。台湾中原大学林冶平教授反复指出："错误的前提，加正确的推论，加狂热的执行,等于万劫不复的灾难。"诚哉斯言!

"思想是有意义的命题",这就需看"有意义"意味着什么,对谁来说是有意义的。从米歇尔·福柯的分析来看,任何话语的背后都隐藏着权力,人们对于任何的说辞和宣称,都得抱以审慎的态度。

对我们个人而言,思想是我们理智洞见的成果。我们在分享他人思想成就的基础上,经由观察、体验、悟识而创生思想。思想使我们所做的一切有一种自觉的追求,使生命挺立着,并有一种把酒临风的旷达和潇洒。

你真正的生命是你的思想,你的思想就是你的处境。理论、学说、观念、主张等等都不过是思想的表现形式。"思想"相对于"观念"而言,有更强的理性色彩。从制度设计到各种各样的游戏规则的制订,再到学术进步和科技创新,背后都是思想。譬如法律援助制度体现的是对弱势群体的人文关怀,司法中的"疑罪从无",体现的是对生命、对人的尊重和信任;如果我们认定人类社会不过是一个丛林,人与人的关系就是狼与狼的关系,我们就不会有各种各样的救助政策,就不会有慈善机构和各种义举。

"思想"一词,相对于"经验"而言,有更多的抽象与概括的意涵,更着意于逻辑的必然性。"经验"可能不具有普遍的必然性,而囿于具体的情境与条件,一旦离开具体的情境和条件,"经验"就可能失效。亲身经历和内心体验是宝贵的,但也要将"经验概念化",这一过程就是由感性向理性的攀爬,也就是思想的创生过程。

"思想"区别于"臆见"和"偏见",它包涵着真理性。思想涉及到"陈述",这一"陈述"中清晰和准确地揭示和勾勒出事实之间的逻辑关联。比如,我关于教育的命题,也就是我对教育的理论表达,体现着我的教育思想。"教育是价值引导与自主建构相统一的活动","教育是建基于信念的人道主义的事业","教育就是不完美的引领着另一个（或另一群）不完美的人追求完美的过程"，这些都是对于教育的各种变量之间关系的揭示。

为什么教师要有思想呢？首先有思想，会使得我们兴趣广泛，内心鲜活，积极地捕捉各种有意味的信息，会使我们的人际交流变得更有品位，使我们的生活，特别是精神生活变得丰富，使我们从琐屑、无聊的单调、平庸的生存境遇中摆脱出来，有一种"一蓑烟雨任平生"的超迈和豪阔。其实，在物质领域和精神领域中都存在着"马太效应"——你的思想愈丰富，就愈加容易变得丰富。因为你思想丰富，你就能看到思想贫乏的人看不到的东西，你信息加工的能力就比较强，你有更强超越所给定的信息而生发出新信息的能力。你能够从更多元的角度、更宏大和更精微的视角看待问题。这样，在与学生的日常交往中我们会潜移默化地给予学生精神的滋养。

其次，做有思想的教师，能够使我们更好地理解课程内容。我们说，"数学是一种思想"，就因为世界的一切，都具有质与量二重属性。数学是从量的角度对世界万事万物关系的一种把握。勾股定理、正余定理都不过是揭示出三角形角与边的大小的关系。

在自然世界中，事实往往是可重复检测的、稳定的，所以我们可以概括出许多的公式和定理，如速度指的是运动物体在某一个方向上单位时间内所通过的距离，科学共同体用 $v = s/t$ 来表示；加速度则指速度的变化与发生这种变化所用的时间的比值，即单位时间内速度的变化，科学共同体用 $a = (v_t - v_o)/t$ 来表示。而在人文世界中，事情往往是独特的，不可重复的，而所谓的事情的真相，也因我们的立场、价值观和当时心境的不同而各不相同。我们对真相与逻辑的认同，也因境界的不同而有差别。

再次,有思想的教师,会对学生的心灵丰满和精神充实有一种自觉而又自然的引领。从对课程内容的发掘,到教学策略的选择,从对问题的设计,到课堂氛围的营造,甚至用一套什么样的语言,背后都有思想的底蕴,只是有时我们不自觉罢了。更多的中小学教师对实际操作的方法更感兴趣,但操作的方法背后一定有一套关于"良好教育"和"有效教学"的思想。剥离了思想根基的操作方法就像折断的树枝,很快就会干枯和断裂,它绝不会变得更强健和更茁壮。

有思想,使得我们不人云亦云,不简单化,使得我们葆有自由意志和独立人格。"落后就要挨打",这是中国近代史血的教训,可这背后也有霸权主义、殖民主义和强权政治的逻辑和对这种逻辑的消极认同,这不是文明、公正的国际社会的逻辑。包括"弱国无外交",这都与"国家无论大小,一律平等"的文明规则相抵牾。我们如何考量事实,我们如何揭示因果,这背后首先是思想。创生新的思想需以思想为基础,正如库恩所说:"理论始于观察,但观察中渗透着理论。"

据我有限的观察判断,我国中小学教师缺少的主要是一种文化精神、文化眼光,一种自觉的价值追求,一种坚定的对于社会、人生和教育的理想与信念,一言以蔽之,缺乏思想。究其原因是文化底蕴不够丰厚,学识积累过于单薄,缺乏对人类历史文化和人性富于深度的理解,特别缺乏对中国历史的洞察和对西方近代资本主义核心价值的深度理解。其后果是,中小学教师付出的大量劳动停留在低层次的"教书育人"上,缺乏对于学生精神上的引领,缺乏对于自身工作高远的立意,缺乏对于"课本知识"所承载的价值观和心理结构的深刻洞察。说得极端一点,把"教育"浅化为、庸俗化为没有灵魂的认知结果的堆积。

创造性地、批判性地使用教材,是课程开发的应有之义。而要能创造性地、批判性地使用教材,就需要一种文化眼光,一种道义的承担。在我看来,过去语文教科书上的《我爱故乡的杨梅》《一夜的工作》《林海》《谈骨气》《安塞腰鼓》《长城砖》都是不够理想的作品。《我爱故乡的杨梅》是多么单薄、多么空洞,从而使得那种情感显得多么虚假! 对于作品能否有一种较高的鉴赏力,取决于读者的文化底蕴。

学习与思考是我们变得有思想的不二法门。孔子说的"学而不厌,诲人不倦",是教师的重要品质。其实,前者是后者的重要条件。没有学而不厌,就难以做到诲人不倦。学习的途径是多种多样的,而思考则不是简单地想一想——如何去粗取精、去伪存真、由表及里、切中肯綮,这就有一个思想方法的问题。在所有的读物中,有关方法论的东西是十分值得一读的。其实,这就是哲学。哲学就是我们如何认识和把握世界的学问,哲学是世界观和方法论,而这二者是构成作为无论动词和还是名词"思想"的最重要元素。

我们强调做有思想的教师,就是强调对操作主义、经验主义的超越,对教师职业内在尊严的诠释与追求,对急功近利的拒斥。思想的逻辑彻底性,就是理论。思想是理论的灵魂,也是理论华美的标识。

让教育充满思想,让思想充满智慧,让生活充满人性的光辉,让我们的心灵荡漾在博大、丰富、深邃、光明、温暖的思想之中——终于有一天,我们的年华会老去,可我们的思想会在足迹中闪光,并将照亮前行的路。

第 三 辑

作为理想主义者的教师

1 自觉培植教师现代民主政治的理念

　　学校是培养人的场所，它作为社会机构，同时也肩负着一定的社会责任。在我们国家正在建设民主政治的今天强调自觉地培植教师的现代民主政治的理念，就十分必要。具体来讲，原因有三：

　　其一，正如美国教育家、心理学家布鲁纳指出的："不顾教育过程的政治、经济和社会环境来论述教育理论的心理学家和教育家是自甘浅薄，势必在社会上和教室里受到蔑视。"①在现代社会中，教育日益成为一个先导性、全局性和基础性的实践领域。教育的先导性意味着教育日益成为引领社会前进的力量，全局性意味着教育与社会的各个系统和部门之间甚至与千家万户有着千丝万缕的密切的关联，而基础性意味着教育是社会各项事业存续和发展的前提与必要条件。无论是从教育与社会关系的意义上，还是从个人与社会的意义上，强调教育的社会责任都是良好教育的应有之义。

　　从理论上讲，教育具有维护社会稳定，并进而减少愚昧、迷信、贫困、暴力、犯罪、歧视、压迫、不平等、不公正等现象，从而促进社会的繁荣和发展的功能。但实际上教育的社会功能发挥得

---

① [美]布鲁纳：《布鲁纳教育论著选》，人民教育出版社，1989 年版，第 367 页

怎样,取决于许多的因素,其中一个非常主要的因素就是教师的现代民主政治的意识。

其二是与我个人的经历有关。就因为在大学的课堂上,涉及到一些民主、人权、社会公正等问题,我和我的一些同事都被大学本科的学生"告过状",打过"小报告"。这种事尽管并不十分普遍,可也足以让我们警觉:思想专制的病毒是如何传染给我们的下一代的? 如果我们中小学教师不具有现代政治的观念,如果我们不能在中小学学生心中播撒民主、自由、平等、人权、博爱的精神种子,上了大学却思想僵化、心智闭锁,我们的未来将是令人焦虑与不安的。

其三是依我个人有限的经验判断,当今中小学教师的现代政治观念是比较薄弱的。下面这则新闻报道也多少能够佐证这一判断。

河北沧州公办的东光县实验小学办学条件是县城最好的。该小学 2005 年 6 月 20 日公布今年招生简章,明确规定:"招生对象为县城内党政机关、事业单位在编干部职工子女。报名时必须出示父母一方的编制证原件及复印件、所在单位有局长核实签字的证明书。不符合条件者一律不予接受。"这则新闻透露出我们一些教育者连起码的平等的观念都没有。

更有离谱的。据报道,甘肃省定西市临洮县第二实验小学把学生分为两部分,能达到少先队员条件的戴红领巾,学习不好、综合素质不高等不符合条件的学生戴绿领巾。这个规定使家长和学生在精神上承受了很大压力。戴绿领巾是"差生"的耻辱。要知道,对孩子的歧视和凌辱,其负面效应将在孩子长大之后呈几何等级地发作出来。

什么是现代民主政治的观念呢? 简要地说,有如下几点:

首先,现代民主政治是基于不同利益集团之间的平等对话,"商谈伦理"的制度建设是现在民主政治观念的应有之义。因此,"武装夺取政权"、"枪杆子里面出政权"都是特定历史时期的真理。暴力、动乱只会导致社会的停滞、倒退甚至是仇杀。

公共权力起源于维护社会公共利益和社会公共生活秩序的需要,本质上是一种凝聚和体现公共意志的力量。那么,决策只有建立在民主的基础上,充分综合和表达民众的利益和意志,才能树立决策权威,唤起公民参与意识和主人公意识,建构和谐社会。这也是为什么民意越来越多地受到关注和重视的原因。我们必须在保障公民知情权的基础上,保障公民对社会政治生活的参与权和监督权。只有知情权而没有参与权和监督权的权利,只能算是一种袖手旁观的消极权利。民主参与是公共权力机关与公民和社会之间的一个中介,它能够协调或矫正立法、司法和行政行为与公民意愿之间的关系。公民通过有序的参与,表达自己的意愿及目标选择,本身也是对公权机关的权力进行监督的一种形式。

其次,现代民主政治的观念也包括不相信任何个人能够改变整个国家和民族的命运,彻底破除"救世主"的神话和清官情结。若是我们思想上承认最伟大的人也有失误的时候,在制度上就会设置防止大人物失误的方法。否则,难免因迷信而盲目,因盲目而酿成大错。

相信教育的努力能够使每一个人成为独立的、自主的、主动的、开放的个体,这才是社会进步最根本的力量源泉。个人成为最终的价值源泉,任何个人或集团都无权决定另外一个人的情形应当怎样,所谓"共同利益"只能是个人偏好集合过程即民主过程的结果。因此,所谓"政治"就成为了不同人表达各自偏好的场合。

民主是重要的生产力。因为民主可以使更多的人占有足够的信息,对事情作出更准确的判断;民主可以集思广益,使各种观点产生交锋,并相互借鉴;民主可以有效地防止以虚幻的共同体的利益为借口谋取私利,因而民主可以促进资源分配的公开、公平与公正。事实证明,民主制度中有一个基本特征,它要求群策群力、公众评议、公开听证、公开讨论。它就是防止我们社会犯下严重错误的权力制衡。约翰·杜威告诉我们,提出问题是有益的,在执行计划或政策之前对之进行讨论是有益的。他说,民主的本质是让受决定影响的人参与到决策中。讨论本身是民主行动的核心。

长期的人治社会,对于统治者的神化,结果是对于制度建设的忽视和法律权威的丧失。"制度为一个共同体所共有,并总是依靠某种惩罚而得以贯彻。没有惩罚的制度是无用的。只有运用惩罚,才能使个人的行为变得较可预见。带有惩罚的规则创立起一定程度的秩序,将人类的行为导人可合理预期的轨道。"①

其实,在现代民主政治的观念中,法律所具有的理性权威是没有什么人可以超越其上的。任何社会里的政府都有权威,但法治所要求的政府权威是置于法律之下的权威。这是现代政治文明的重要特征。法为维护人的尊严和保障人的权利而生,政府的重要责任之一,也是要支持和帮助公民实现法定权利。由此看来,法与政府是应当有共同的价值趋向的。

第三是保障人权和有效地限制公权的观念。从 2005 年宪法修正案新增加的"国家尊重和保障人权"和"公民的合法的私有财产不受侵犯"的重要内容中,都坚定地传递出这样的信息:中国社会正走在通向法治社会的路途之中。保障人权,被东西方各国公认为是宪政的首要价值,"宪政事实上已成为保护个人权利的同义语"。要保障人权,不仅需要通过宪法直接规定

---

① [德]柯武刚、史漫飞:《制度经济学:社会制度与公共政策》,商务印书馆,2000 年版,第 32 页

人的基本权利,而且要通过对国家权力进行合理配置,使权力之间相互制约,从而防止国家权力的滥用和对人权的侵害。同时,还要通过宪法精神框架内的一系列法律法规的执行来具体保障人权。

最后,宪法还需要一套保障制度,依照一定程序,采取一定措施维护其权威。"法无明禁即自由"的原则,只是指向个人权利即私利的空间。但公共权力威力巨大,影响广泛,所以在成熟的法治社会中,当对公权适用相反的原则,即由法律以"正面列举"的方式明确标明公权的空间尺度,此外便是"法无明定即禁止",以此方能及时准确并有效地限制公权。

而在我们的社会中,权力是一根魔杖,它可以点石成金,它可以呼风唤雨,它可以慷公家之慨做顺水人情,它可以无往不胜——大事化小、小事化了。它有无尽的好处,难怪人们对它趋之若鹜。不受监督的权力是民族的灾难,是贫穷和落后的根源,一言以蔽之,是万恶之源。其实,这都是现代社会的常识,可就是有人无视这一常识,原因就在于不民主、不公正、不公开、不公平,对于他们最有好处。他们可以为所欲为,他们吃喝嫖赌都有人买单。

随着监督政府力度的加强,一个监督时代也在开始。中国"政治改革",一手连着人权保障,一手连着权力监督,两手并用,则政治文明前途可期。为了切实保障人权,需要牢固确立三个司法理念:第一个是"疑罪从无"理念,第二个是"无罪推定"理念,第三个是"法无明文规定不为罪"的理念。

被告人没有自证其罪的义务。美国警察在抓捕犯罪嫌疑人时,都会强调一句话:"你有权保持沉默,你所说的一切都可能成为呈堂证供;你有会见律师的权利,如果你请不起律师,政府可以免费为你提供一名律师。"这就是刑事诉讼中著名的"米兰达忠告"。"米兰达忠告"强调的是犯罪嫌疑人的沉默权和请律师的权利。

第四是平等、社会正义、消除歧视的观念。虽然，我们已经跨入了 21 世纪，但歧视这种野蛮社会的遗产还在我们的国家随处可见，如性别歧视、地域歧视、弱势群体歧视等等。我们不能不看到，占人口大多数的中国农民曾经是没有贱民身份证的贱民，这是我们这个民族抹不去的伤痛和耻辱。它折射出某些强势群体为了自身的利益而无视社会公平与社会正义的丑恶内心。

什么是我们时代的社会正义？美国政治哲学家罗尔斯的正义论是这样说的：第一，每一个人都有平等的权利；第二，社会和经济的不平等应该如此解决：（1）使条件最不利者也能得到最大的利益；（2）一切的公职和职位在机会完全平等的条件下对所有人开放。由慈善和志愿表达的，是一种同情原则，它是我们时代的第一社会正义原则。同情原则的表达主体是个人和非政府的、非营利性一类的组织，他们既是在表达自己的良知，又是在实现我们社会的正义。慈善和志愿还引申出社会正义的第二原则，即反哺。反哺，是一个健全自信的社会主体对弱势的补偿或回报，因为强势社会主体的获得正是建立在对弱势的社会资源份额的挤占之上的。因此，慈善或志愿不是一种施舍，由其引申的同情和反哺应该成为我们的社会正义原则。

在我们的日常表述中，需要注意的是，"老百姓"意味着"在社会等级序列中处于底层的庞大的社会群体。意味着无权无势，意味着强烈的人身依附"。因而使用"老百姓"的称谓不仅会减低公民的主体地位，而且会淡化我们的公民意识、权利意识。

常言道："得民心者得天下。"这从历史的长度看，可能的确如此。但某一具体的历史时期却并非总是如此。有时不得民心的强权在上，你连表达内心真实想法的机会都没有，"民心"就成了可以涂抹上"强权"色彩的遮羞布或裹尸布。需要说明的是,"得民心者得天下"仍是帝王政治的观念,而不是民主政治的观念。

其实,早在 1958 年 7 月 15 日由联合国教育、科学及文化组织和国际教育局召集、在日内瓦召开的国际公共教育大会第 21 届会议上,就通过了如下建议:

"课程准备必须既考虑到男女儿童的能力和兴趣,也考虑到社会的需要。""小学教育的基本目的除了培养儿童对工作的热爱和尊重外,还给他们获得知识和发展完整人格提供必要的工具。""造就自由人(free human beings),使他们意识到自己的责任,尊重自己和尊重他人,并在国家生活中发挥积极有益的作用。""现代教育的主要目的之一,是根据儿童的年龄和发展阶段,指导他们有意识地积极参与家庭、社区和国家生活,参与建设一个更亲密友好的全球社会。这是一个在追求全人类的和平、安全和富有成效的合作等共同的目标上,既多样又统一的全球社会。"

我们的文化中似乎有某种"极左"的基因,那就是缺乏包容性,缺乏对多样性的尊重,缺乏民主的传统。有时读一些上了年纪的人的文章,字里行间仍可感触到"阶级仇恨"是那样的强烈。殊不知,阶级(亦或阶层)在相当长的时间内大概都会存在,阶级压迫和阶级剥削也就难以避免。其实,仇恨是不管用的,它的作用除了毒害我们的心灵和理智之外,没有更多的好处。重要的是寻求制度的公正,而不是一个阶级推翻另一个阶级,更不是一个阶级从肉体上消灭另一个阶级。

《东郭先生和狼》、《农夫和蛇》,这些寓言故事,曾经作为播种阶级仇恨的教材,其后果只能是人与人之间的猜忌和防范、自我的封闭、真诚的逃亡和良知的隐逸。这就需要我们认真地思考我们究竟需要什么样的教育。尽管这个世界上的确还存在着无耻的骗子、势利的小人和各种各样的刑事犯罪分子,那是需要加强法纪建设来制裁、打击、遏制和杜绝的。作为教育,我们需要的是弘扬人性光明的、正直的那一面,培植人与人之间的尊重、信任、友爱与宽容。惟有如此,我们才能造就人格强健、和谐发展的美好人生与美好社会的建设者。

当我们有更多的教师具有现代民主政治的观念时,我们就有可能更重视培养学生清楚、准确地表达自己的观点,强调推理过程,注意分析和思辨,通过理性、合法的方式表达自己的利益诉求。我们就有可能真正自觉地为一个自由的社会培养人。其次,我们在看待许多问题时也会有新的视界。比如,让我们的子孙后代铭记那段悲惨的、屈辱的历史,是我们教育者的责任。外国侵略者固然可恨,但同样可恨甚至更为可恨的是引狼入室的专制统治者。专制统治者们为了一己之私利,钳制思想自由,推行愚民政策,使得中国日益贫弱。他们愚昧昏庸,在与列强打交道时,授人以柄,引狼入室,自取其辱。

历史的经验告诉我们:只有民主,才能使一个国家走向富强和文明。所以在今天,我们的教师只有具有现代民主政治的意识,才是与我们肩负的责任相称的,我们才有望成为"为大多数人带来幸福的人"。"历史承认那些为共同目标劳动而使自己变得更加高尚的人是伟大人物;经验赞美那些为大多数人带来幸福的人是最幸福的人。""我们的幸福将属于千百万人,我们的事业将默默地、但是永恒发挥作用地存在下去。"①一个代表人类文明前进方向的教师,一定是具有现代民主政治意识的教师。

---

① 马克思:《青年选择职业时的思考》,《马克思恩格斯全集》,第40卷,人民出版社,1970年版,第7页

2 教师的职业优势

在当今中国,教师作为一种职业,还不具有足够的吸引力,诸如待遇不高、工作繁琐、心理压力大、劳动时间长等等,这都是不争的事实。但教师这个职业仍有它的优势,那就是在认真钻研教学的过程中不断提高自身素质,对其子女的成长十分有帮助。在和学生的相处之中,在对教育的探索之中了解和研究孩子,就更有可能使作为教师的我们成为一个好的、称职的父亲或母亲。虽然还没有这方面的实证研究,但凭经验大体可以得出这样一个结论:在不同的职业群体中,教师子女成才率是最高的。

相信不少具有眼光的人都能够认同这一点:对于子女的投资,是最有意义的投资。如果在一个家庭中,无论是学业成绩,还是人格品质都很优秀,孩子成长和发展得都很好,那这个家庭就能够给人充满希望、充满活力之感;假如孩子不争气——不好学上进,品行不端,那不管家长如何的成功,如何的有权有势,都给人以没落之感。就算你凭权势给孩子找一个好工作,没准他哪天违法犯罪了;就算你可以花大笔的钱送孩子出国学习,一个没有好的学习品质的人,在国外的学校就更学不到东西,最终仍是一个不学无术的纨绔子弟。上学读书不单纯是为了能够做学问,当什么科学家,上学读书更重要的是受到好的教育,从而变得心地纯正，见识不俗，举止得体，谈吐文雅，成为一个受人尊敬和受人欢迎的人。

我认识的一个小老板，做生意挣了些钱，常向我吹嘘他如何有钱。我觉得他既可怜又可笑。这些时候我一般都不会作评价，但我内心充满对他的怜悯，他生活在一种多么狭窄的境地里。他大概是真的不知道人生有比物质、金钱更重要的东西，比如社会声望，比如纯洁的人际关系，比如展示智慧与个性魅力的舞台，比如美好的思想与情怀。当然那些不如他的人——那些一贫如洗、家徒四壁的人也是大有人在的，他得意洋洋也并非完全没有道理。他毕竟摆脱了生存的危机。不过在有精神追求的人看来，真正富有的人应当是物质和精神都很富有的人，而不是那些穷得只剩下金钱的人。

许多教师经常有一种消极的心态：对于厌学的学生，对于社会的偏见和制度的不完善，或者学校的官僚主义、过多的不合理的条条框框等等往往觉得无能为力，徒唤奈何。这种"无力感"是激发教师投入和创新的巨大阻力。因此，更多地看到教师职业的优势，让我们试着改变那些不合理现实的同时，也试图改变一下我们的心态：相信"水滴石穿"，相信"千里之堤，溃于蚁穴"，相信即使一切都不改变，我们仍然有努力的空间，从而唤醒我们职业的内在尊严和生命热情。这是我们在关注教师的专业成长首先要重视的一个方面。

任何职业都有它的优势和局限，重要的是我们如何去看待。安徽省合肥市第62中学小学部的薛瑞萍老师就深刻地认识到："单纯、率直、理想化、书卷气，这些特质已经融入我的血液，成为'我'本身。换一个行业，它们很可能成为致命的弱点，可是作为教师，它们却成了难能可贵的优点。在诸多职业中，教师是为数不多的可以让我上班时间公私兼顾、尽情饱读的一行。"优秀教师的共同特点就是热爱自己的职业，并能够从工作中寻找到乐趣。

最近我看到在许多城市居民的消费支出中，教育消费占第一位，这是一个好的迹象。人们乐于把钱花在教育上，民族素质的提高就有了希望。真正优秀的教育工作者，应该树立起"为国育儿"的理想，努力培养好自己的孩子。在把学生当成自己的孩子的同时，千万不要忽视了自己的孩子。有的教师将全部的时间和精力都给予了学生，却对自己的孩子很少关注，这是不可取的。学校领导有责任提醒教师不要忽视对自己孩子的教育。作为教师，我们应当有这样的信念：每朵花都有盛开的理由。无论何时，要把自己的孩子当成你最重要的学生加以培养，这是我们对家庭承担的重要责任，同时也是对社会作出贡献的重要方面。我们国家有 1 400 万教师，至少有 1 000 万教师家庭。如果每个教师家庭都能培养一个优秀的孩子，那也是一个了不起的成就，那也是我们教师这个群体对于民族的巨大贡献。

　　曾读到过一则很可心的故事,讲的是一位老教授课讲得枯燥乏味,下课休息时,学生都跑到操场踢球去了,教室里就剩下教授自己。上课铃声敲响了,一会儿,有一个学生进来,回来拿忘在教室中的球鞋。教授以为他是来听自己课的学生,不胜欣喜,很认真而愉快地为这一个学生上了一节课。这故事很令我感动,虽然感动之余,也有一丝苍凉和凄楚。

　　台湾作家三毛在《雨季不再来》这集子中,有一篇讲叙她做教师的感受,其中有一句话颇值得玩味:"教师并不是飞蛾扑火的烈士,教师本质上是有良知的生意人。"我想,上面那则故事中令人感动的正是教授先生所表现出的教师的良心吧。如果一个教师,没有这种敬业的精神,他决不会是一个好的教师。

　　在我们受教育的经历中,能遇到几位好的教师,那么确是一件很幸运的事情。有成就的人,大概都是遇到过对他们的人生产生过重要影响的教师的吧,正如滕野之于鲁迅、费米之于鲍利、杜威之于屈伯先、孔子之于颜回、苏格拉底之于柏拉图、徐特立之于毛泽东……

　　联想到《教师法》的颁布,其初衷就是维护教师的权益。是不是因为我们教师过于儒雅以至文弱而需要特别的保护呢? 在我看来,教师的权益,首先是教师作为公民的权益,即信仰自由、思想自由、言论自由、结社自由、出版自由、罢工自由等等权利。如果作为公民的权利不能得到充分的保障,作为教师权利的保障就变得无足轻重了。

　　教师是人类千百年来积累的精神财富与年轻一代之间的桥梁和纽带,是人类文明薪火的传承者,是引导年轻一代与有教养的人类进行对话的人。在人类文明还时常经受着蒙昧与野蛮挑战的时代,社会民众来为文明薪火的传承者们披上一件虽单薄却华丽的外衣,来抵御寒冷的侵袭,毕竟是一件值得庆幸的事情,然而,我们渴望"环球同此凉热"的时代!

　　现代中国教育史上,曾有过教师节,只是后来无疾而终了。而现在,每年的 9 月 10 日前后,各种新闻传媒会争相报道一些有关教师、教育的事情。诚然教师节是一件不坏的事情,只是总使人联想到"三八国际妇女节"、"六一国际儿童节"的儿童和妇女。在人们的眼里,他们是弱者。为他们设立节日固然是社会良心的表现,如果社会只是借庆祝教师节,排解一下对于教师的负疚心理,那就大打折扣了,更何况许多人连对教师的负疚心理都没有。

4 懂得尽可能多一点

所谓"懂得",浅的层面是"知道"、"了解",我们可以称之为"知";深的层面是"理解",有所发现,心有所得,我们可以称之为"识"。对个体而言,"知识"就应该包括这两个层面。

"知道"是"发现"的前提和条件。如果连"知道"都不知道,当然就谈不上更进一步的"发现"和"洞见"。譬如,如果你真正知道世界上 32 个发达国家它们的历史文化传统、社会政治制度、自然资源状况、人口的数量及结构、产业优势、国土面积等等,你就会有许多的发现。你会发现,它们都是资本主义国家,都与以美国为首的西方世界有着良好的关系,都实行着市场经济(在某种意义上说,资本主义是市场经济的同义语;杰出的社会学家帕森斯就曾指出,"市场经济、民主政治、个人主义"三位一体)。"知道"并不必然导致"发现"和"洞见"。从"知道"到"发现"和"洞见",需要一个复杂的认知加工的过程。这就需要我们学会思考并养成思考的习惯。

要真正把"懂得尽可能多一点"作为对自己不懈的要求,就需要有"人类的一切都与我息息相关"的意识和胸怀,就需要走出狭隘的自我,把眼光投向更为高远、更为广阔的世界。

懂得尽可能多一点,就要求我们经常问自己:我今天在学问上有长进吗?我掌握了什么新的概念或原理?我又多了解了世态人情的哪一方面？我是否了解人类有史以来那些改变了人类生活的发明与发现？我是否知道杰出的思想家们的思想成果以及对于人类社会有何影响？等等。当然，对于专家、学者而言，不仅要学识渊博，而且要专深，要成为对某一领域或研究主题有原创性贡献的人。

要懂得尽可能多一点，就需要"博学、审问、慎思、明辨、笃行"；就需要广泛阅读，仔细咀嚼，再三推敲，反复玩味，需要在教学中、写作中、日常交往中有意识地使用近期所掌握的你所"懂得"的东西。

另外，随时地利用网络，利用工具书，对一些我们不太熟悉的概念、习惯性的表达弄清楚它的真实含义，使我们对概念和命题的"懂"比较确切和可靠，这也是重要的。譬如，我们有时会看到对某个人的写作手法称之为"春秋笔法"。那何谓"春秋笔法"呢？所谓"春秋笔法"是指孔子首创的一种文章写法。《史记·孔子世家》说："孔子为《春秋》，笔则笔，削则削，子游、子夏之徒，不能措一辞，不能改一字。"《春秋》是我国最早的编年体史书，它用语准确、选词严谨，常根据事件的性质、情形和结果以及作者对该事件的态度选用不同的词语。《春秋》的记事极简短，一般一件事只有一两句话。可是这极简短的记述往往微言大义，有着很丰富、很深刻的含义，不仅表达了作者的思想倾向，而且也给读者以深刻的影响。后来，人们就把这种文笔曲折、微言大义，并带有一定倾向性的文字称为"春秋笔法"。以上文字并不是我的理解，而是学者们公认的理解。当一种理解被公认并广为传播时，就成为了一个社会（或社群）的常识。

还比如说，中国传统的读书人学习的内容无非是经史子集。那"经史子集"究竟是些什么东西呢？查一下字典你就会得到答案，它不过是我国传统的图书分类法：把所有图书划分为经、史、子、集四大类，称为四部。"经部"包括儒家经传和小学方面的书。"史部"包括各种历史书,也包括地理书。"子部"包括诸子百家的著作。"集部"包括诗、文、词、赋等。

泰山不辞抔土而成其高,大海不弃涓流而成其阔。注重积累,不满足于一知半解,对任何现象都问一个"为什么",力图给予它一个充分和有说服力的解释,这都是好的习惯,也是使我们懂得尽可能多一点所必需的品质。

懂得尽可能多一点,我们就不会有太多的空虚与无聊,正如牛在躺着休息时仍可反刍一样,在任何时候我们都可以细细地回味、咀嚼、琢磨近期所知道的一些资讯,从而丰富、提升或修正与完善我们的知识系统。

当我们的生活中有更多的学识渊博的人,我们的社会就会变得更有创造力,出现杰出人物的概率就会增大。因为,我们所有个人的发展都取决于我们直接或间接交往的所有其他人的发展。

强烈的求知欲、不倦的探求精神是从哪里来的呢?这是一个复杂的问题,三言两语难以解释得清楚。但可以肯定的是,推行思想专制的国度不能孕育出深邃的心灵,实用理性盛行的社会不可能培育出睿智的头脑,崇尚物质消费的人群不可能产生强烈的精神需要。只有充分尊重公民的知情权的社会,只有每个人可以自由充分言说的社会,只有高度尊重"自由意志、独立人格"的社会,才有可能让更多的人感受到智力劳动的快乐,感受到精神生活的美好,并进而培育出更多的具有强烈的求知欲和不倦的探索精神、内心世界丰富、明敏和深邃的人。

5 作为理想主义者的教师

　　教育作为价值引导的工作,存在于立足现实而追求理想的过程中。教育的这一特质,要求教师是一个不折不扣的理想主义者。假如一个教师过于讲求实际,而缺乏理想主义的光辉,他就不可能有足够的心灵的感召力和人格的魅力。理想缺失的教育,也许是"高效"的,但必然是苍白的、低俗的和平庸的,必然导致精神的荒芜和心灵的枯竭。

　　正如我十分敬重的伟大的居里夫人(Marie Curie 1867—1934)所指出的:"人类的确需要注重自己实际利益的人,他们努力工作,谋取自身的利益,而且与人类普遍利益不相违背;但是,人类也不可缺少具有理想主义的人,他们追求大公无私的崇高境界,毫无自私自利之心,无暇顾及本身的物质利益。这些理想主义者因为无意追求物质享受,因此也没有物质享受的可能。但我觉得,一个组织完善的社会应该为这些人的研究经费和个人生活提供可靠的保障,以便让他们无忧无虑、百无牵挂地从事科学研究。"[1]假如一个社会是充满欺诈的,是充满着以强凌弱的,是充满着对于权力的崇拜和追逐的,那么,这个社会中理想主义者就会非常稀少。理想主义者在一个社会总人口中所占的

---

①　[法]马丽·居里:《居里夫人自传》,杨建邺译,哈尔滨出版社,2003年版

比例,大体可以衡量这个社会的文明程度。

作为理想主义者的教师,其魅力就来源于盈盈眸光深处,他们皈依了单纯,灯火阑珊背后,他们选择了平实。理想主义者的心中是有神的。他们崇尚伟大的、神圣的、宏伟的、辉煌的、高贵的、典雅的事物,他们相信宇宙的内部隐含着某种深刻的秩序。他们有坚定的信念和道义的承担。理想主义者是有梦想的人。其实,没有梦想的人,他的世界是黑暗的。正如没有泪水的人,他的眼睛是干涸的。有梦才有追求,有追求世界才会更精彩,是梦想照亮了我们的世界。

作为理想主义者的教师,他(她)要告诉孩子这个世界的高度,即人性所能达到的高度。就像雄鹰总要去尝试珠穆朗玛的高度一样,孩子们的心中也应该有一个世界的高度和巅峰,那是他们的理想所在,精神的深度和高度都不应该被过早地削平。

作为理想主义者的教师,是充满热情和乐观精神的,有着健康和积极的心态。而这也是作为优秀教师最为重要的品质。"关于老师行为如何影响学生的成绩,回顾近几年进行的50次调查,我们发现主要有两方面,老师的热情和温暖。"[①]教师的热情和温暖,源自对于生活的热爱,对于儿童的热爱,源自对于人性光明与乐观的期待,源自对于和谐与温暖的人际关系的切肤之感,源自对于社会公正与人道的感恩。

在今天,作为理想主义者的教师,应该是先进文化的代表者。所谓文化,最根本的是人们的生活样式,即人们在政治生活、经济生活以及其他日常社会生活中作为行为模式以及指导这种行为模式的价值观、思维方式和审美趣味。

先进文化是一个历史性的概念,随着社会的发展和进步,

---

① 迈·凯梅·普林格尔:《儿童的需要》,禹春云等译,春秋出版社,1989年第1版,第29页

"先进文化"将有着日益崇高和丰富的内涵。在今天看来，"先进文化"应该是合乎人性的、有助于个人自由而充分发展的文化，"先进文化"是有助于建设一个平等、民主、自由、公正、理性、和谐的社会的文化。等级与特权的观念，要成为"人上人"的观念，为了个人和个人所归属的小团体的私利而罔顾公平与正义原则的观念和行为，都是与先进文化格格不入的。哪里存在着一部分人对另一部分人的歧视和盘剥，存在着谎言和欺骗，存在着以权谋私、徇私舞弊的现象，哪里就不可能孕育出先进文化，就只能人心涣散，正不压邪，乌烟瘴气，物欲横流。

　　作为先进文化的代表者的教师应该是严正而又宽容，深邃而又单纯，执著而又潇洒，真诚而又练达，豪放而又儒雅，平实而又伟大。惟其如此，我们才有望造就更多的高尚的人，更多的理想主义者，更多的先进文化的体现者和创造者。

6 读书与成长

　　没有教师的成长,就没有高品质的教育。这已日渐成为人们的共识。道理很简单,教师本身是课程资源的重要组成部分,教师自身的成长是教育力量的源泉。教师的成长离不开学习,而读书是最为重要的学习途径。读书不仅可以丰厚文化底蕴,使自己更加具有文化眼光,读书更为重要的价值在于使教师的内心变得开放、鲜活、细腻和温柔,使教师具有不断增长的与人分享的内在需要,从而克服对于教学的倦怠感,从而使教学永远充满活力和内在的感染力。

　　读书的过程就是与世界进行交往的过程,一个从狭隘走向广阔的过程,它有利于提高人的精神品位,培养教师的读书人的气质。现在大多的教师阅读量太少,原因固然是多方面的,比如工作量太大、心理压力太大、没有时间也没有心境去阅读,但缺乏阅读习惯是一个重要的原因。这也可以说是我们的教育存在的一个缺憾:没有很好地培养学生自主阅读的习惯和品质。

　　好的读物的标准是什么?我想就是那些能够唤起你进一步阅读和写作冲动的读物,那些使你亲近书籍和人类精神生活的读物。记得卡尔维诺(Italo calvino,1923—1985)说过:“一部经典作品是一本每次重读都好像初读那样带来发现的书。”具体地说,一部好书给予读者的是倾注了作者强烈注意力(我们通常把注意力称为"心血")的真情实感和真知灼见,而一部糟糕的书给予读者的是无所用心或用心很少地收集来的信息。张爱玲在评论爱默生的创作时说,爱默生(Ralph Waldo Emerson,1803—1882)的书不算多,因为他的书就像珊瑚礁一样,是在海面下缓慢地累积,直到最后才露出海面的。

那么,读什么呢?首先,读一读中小学各种教科书。尽管教科书编得还不是很理想,但仍然是最适合中小学教师的读物。对于现在中小学的教科书上的内容许多教师并不陌生,但古人讲得好:"故书不厌百回读,要获新知读旧书。"林语堂先生就曾感慨:"同一本书,同一读者,一时可读出一时的味道来……四十岁学《易》是一种味道,到五十岁看过更多的人世变故的时候,再去学《易》,又是一种味道。"系统阅读中小学教科书,有助于我们夯实知识基础,丰厚文化底蕴,也有助于我们更多地了解学生已有的知识基础和后续学习的内容,有助于我们在自己所教授的课程之中经常提及本课程与其他课程的联系。

其次,多读一些翻译过来的书籍。翻译过来的书籍或多或少经过了选择,更由于西方发达国家(英、美、法、德等国)有较为健全的知识产权的保障制度,简单的抄袭和剪接不太有市场,这就保证了出版物有一定的原创性和水准。另外,这些书籍中所渗透的价值观念和思维方式也是我们建立一个自由社会需要的。

再次,中小学教师可以多读一些滋养心灵、温暖生命的书,如席慕容、余光中的诗,张晓风、刘墉、林清玄的散文,王小波、周国平的随笔。我建议中小学教师阅读的视野要宽广一点。陆游说:"功夫在诗外。"这是高度凝炼和充满智慧的表达。有一些书能够让我们增加善念和怜悯心,扩大智慧和见识,远离鸡虫得失的无谓争斗,把目光投送到更远大的天地,关注更根本性的、深沉久远的事物。读文笔和情怀优美的书籍,可以净化心灵、温润生命,可以使我们用更积极、更乐观的心绪看待世界和人生。

最后,在中小学教师读什么的问题上,我主张多读一些优秀的教育报刊。因为优秀刊物上的文章比较精粹,也比较集中于大家所关注的问题,比较前沿和新锐。《人民教育》、《中国教师报》、《明日教育论坛》(福建)、《教育参考》(上海)、《中国教师》、《小学青年教师》(河南)、《教师博览》(江西)都是国内一流的教育类期刊。

在读什么和怎么读的问题上,我认为后者更为重要。只要是有价值的书籍,都是能给人以思想、智慧的。对今天的读书人来说,则应倡导创造性地阅读。爱默生说:"当心灵被劳动与创造所激励时,则无论阅读何书,每一页都会变得熠熠闪光,意蕴无穷,每一句话都意义倍增。……我们觉得作者的见识有如天地一般宽广无边。"

我个人的经验是,不一定要读得很多,但一定要读得透,那些真正有价值的作品应该反复读。就像西方虔诚的信徒用一生来读《圣经》那样,作为中小学教师也需要读几本常读常新的好书。"旧书不厌百回读,熟读深思子自知。"(苏轼)在一次又一次的阅读中不断有新的发现。"发现",就是一种难得的阅读体验,这既可从轻松阅读中"发现"愉悦、轻逸、趣味,令人捧腹,令人莞尔,也可从沉重阅读中"发现"生命内部的震撼,灵魂的激荡风暴。

宋代朱熹提倡:"为学之道,莫先于穷理,穷理之要,必在于读书,读书之法,莫贵于循序而致精,而致精之本,则又在于居敬而持志。"所谓"穷理",就是做彻底的逻辑追问,就是追求理论的彻底性,就是努力求得思想的澄明,而不满足于一知半解。"读书譬如饮食,从容咀嚼,其味必长;大嚼大咽,终不知味也。"(朱熹)"读书欲精不欲博,用心欲纯不欲杂"……这都是如何读书的经验之谈。

7 今天，我们怎样做教师

许久以来，在南方的一座城市的一所知名的小学发生的悲剧性事件常常萦绕在我的心中。这所学校的学生在课间吃零食时，有一名学生往班级中装零食的桶里吐了一口痰，教师于是以罚站作为惩罚。该学生回家后，将此事添油加醋地告诉了家长，该家长系劳改释放人员，本来就有些心灵扭曲的他于是怀恨在心，潜伏在老师回家的路上，残忍地将其杀害。无疑，这起悲剧性事件的罪责在凶犯，但是作为学校和教师也可以从中汲取教训，那就是我们如何对待学生，特别是我们如何对待犯有较严重错误的学生，又特别是我们如何对待特殊家庭的犯有较严重错误的学生。如果我们能够在对待学生的问题上与家长有充分、良好的协商与沟通，上述悲剧事件就能在很大的程度上避免。

虽然那位教师的这种处理方式并没有过分的地方，但尚嫌简单粗率。身为教师，对学生的教育并不仅仅限于对错误行为的矫正，更在于关注学生心灵和健康人格的成长，尤其是那些有着特殊成长背景的孩子。也许那些顽劣的行为背后隐藏着的是幼小心灵在畸形环境中所受到的伤害，这就需要我们教师给予他们特别的关爱和宽容。

加拿大学者就体罚对孩子将来身心健康产生的影响做了全球最大规模的调查。被体罚的儿童成年后吸毒和酗酒的可能性

是正常儿童的两倍,而且患上焦虑症、反社会行为倾向和抑郁的
几率大大增加。在偶尔被打的受访者当中,有 21% 患上焦虑
症,70% 患上抑郁症,13% 酗酒,17% 嗜毒。

一般来讲,学生对教师的地位优势和心理优势具有清楚的
体会和认可。他们受到侮辱和伤害以后,基本上没有可能通过
平等对话、协商、行政调解、诉讼等途径得到处理和释放,而是全
部转化成内在的精神压力。这精神压力一般具有两种走向,一
种是演变为由内向外的复仇冲动(包括对施暴者个人和对整个
社会的复仇),另一种是对自我心理和身体的巨大摧残,造成各
种各样的精神病和心理障碍。

怎样才能做到不伤害学生的自尊心呢?不体罚学生,不辱
骂学生,不大声训斥学生,不羞辱、嘲笑学生,不随意当众批评学
生,不随意向家长告状。其实,这不是太高的要求,可仍然有不
少教师就是做不到。诗人摩罗说得好:"体罚是人性中欺弱怕
硬的阴暗面的又一种表征。"消极地承受暴力比积极抵抗暴力
显然更容易受到伤害。体罚只能在儿童心中播下仇恨的种子。

我也不主张对于极个别教师的错误行为进行大肆炒作,因
为它会使教师的社会形象受到损害。我倒是认为,我们需要解
除对于教师的精神禁锢,少一点道德意味浓厚的指责和要求,多
一点帮助教师提高专业化水平的举措,因为教师的精神压力已
经够大了。

北京教科院基础教育研究所完成的《北京市中小学实施素质
教育现状的调查研究报告》中的一项调查显示:现在的中小学教
师普遍感觉精神压力大,半数中小学教师有调换工作的念头。在
研究者从北京城区和郊区随机选取的 300 份教师问卷中,93.1%
的教师感到"当教师越来越不容易,压力很大",并认为这已成
为普遍性的重大的生活和生存问题。既然当教师面临着越来越
大的职业压力,因此在回答"有机会是否调换工作"时,50.8%

的教师表示如果有机会,就会考虑调换工作。有 31.7% 的教师表示无所谓,只有 17.5% 的教师表示喜欢这一职业,愿意选择终身从事教师职业。这一调查结果,也得到最近来北京参加"第五届北京素质教育研讨会"的 10 个省区市的近百名一线教师的认同。

从社会的角度来看,我们需要将教师的地位提高到与社会对教师的要求一致的高度。教师的地位和作用是辩证地联系在一起的。近年来,我国教师的社会地位有了显著的提高,但与教师肩负的责任相对而言,还有一定的距离。从与责权利相统一的原则来看,只有把教师的社会地位提高到应有的高度,对教师的要求——敬业精神的要求、专业水平和教育能力的要求——才能理直气壮,才可以毫不含糊。任何侵害教师的合法权益和贬低教师在教育过程中重要作用的言论与行为,都将直接或间接威胁教师的校园生活质量。

8 对教师的期待

教师是一个高尚和体面的职业,尽管它今天还不是最有魅力和吸引力的职业。对于教师提出过高、过多或过低的要求,都是不合适的。究竟需要对教师提出怎样的要求,是一件值得认真研究和讨论的事情。在这里,我参考一些学校制定的《教师手册》,吸收国内外有关专家的研究成果,以"对教师的期待"为题梳理出"教师的基本责任和在教室里的职责"以及"对教师进一步的要求",聊做引玉之砖,以期引起大家的重视。

作为教师,你必须成熟、投入和具有专业精神。因此,有的事情你必须在别人没有告诉你时就会做,有的事情你应该为自己做,有的事情你应该为别人做。作为教师你必须明确你的职责,你的基本责任和在教室里的职责。

1. 基本责任

1.1 教师有责任使学校具有良好的学习环境——保证一个充满安全、爱心、鼓励、尊重、挑战和秩序的环境。

1.2 教师有责任模范地执行学校所有的规定和国家及地方政府的法律、法规,并以符合伦理的方式处理所有的问题。

1.3 教师有责任成为自己所扮角色的模范,因为教师的行为应该蕴涵对学生期望的价值观。

2. 教师在教室里的职责

2.1 当教师在教室里时，必须控制自己，教师应该适当和广泛地行使自己的权力，对教室里的所有事情负责，但不得故意刁难和轻视学生。

2.2 教师应该检查是否所有的学生都到了教室，如果有一个学生没有正常的理由而旷课，那么，教师应该立即发现该学生在什么地方。

2.3 不能把学生放在教室外作为惩罚，法律和合乎人道的教育不允许任何形式的体罚；应该尽力采取有效的措施保护学生，使其在学习、健康和安全方面免受伤害。

2.4 保证学生在精神上和物质上对于学习有充分的准备，保证学生有课本、作业本、笔记本和练习本。

2.5 上课时间绝不允许忽视学生，不得无故抑制学生的自我主导的学习，不得无故否定或粗暴地对待学生的独到见解，不得故意地压制或歪曲反映学生进步的事实。

3. 进一步的要求

3.1 保证选择适当的课程资源支持教学，以确保教学目标的有效达成。

3.2 创造一种安全、愉快与和谐的学习环境，保持一个充满赞扬和肯定的环境，使学生感到安全，受到鼓励，得到尊重和富于挑战。

3.3 积极、坚定地创造学生自主发展的空间，保证教室是一个有吸引力、有秩序的地方，确保教学资源的完善管理并便于使用。

3.4 学生的自主学习与小组合作均应得到鼓励，为此教师应将精神分散和干扰减到最小，要迅速完善地化解掉争执和破坏性的冲突。

3.5 在对学生进行评价和建设性批评的时候,应该通过师生间一对一面谈的方式。

3.6 重视并承认家长对学校事务的参与,并能够使校外人士参观,让他们感受到是受欢迎的。

3.7 欣赏并分享同事、家长和学生不同的文化背景和个人经验。

3.8 接受并学习新的教育方法和技艺,尝试新的方法,将新信息融入到教学中。

3.9 设置个人专业目标,积极地探索某一方面的需要和感兴趣的发展机会,关注个人发展和评价活动。

3.10 阅读各种教育资料,保持高水平的专业知识,采取措施与当前的教育趋势保持一致。

大多数中小学教师只掌握了所教学科的内容性知识(事实、概念、原理等),而不能很好地掌握学科更为深刻的、更为实质性的知识,即学科知识的内在联系、理论框架、概念体系、学科研究方法和思维特点、学科信念和学科发展史等,这就会使得教师的教学不太可能具有应有的高度、深度和大气。

教师只是普通的生活者,教师的内心也有委屈、不满、失望、沮丧、压力和焦虑,但不管怎样,我们内心仍旧要充满信心、希望、仁爱和实践与探索的勇气。孩子们需要的是鼓励、尊重、认可、欣赏、信任、宽容和体谅。也许你会觉得他们需要的太多,其实,所有这些不过是爱的具体体现。有爱,不见得就有一切;但没有爱,却没有一切。有了爱,就有了翱翔蓝天的翅膀。

更重要的是,要在学生的心中培植爱的情感。在美国,一所私立学校开学第一天,全体教师都收到了校长的一封信,信的内容如下:

亲爱的老师们:

我是集中营里的幸存者。我亲眼目睹了一般人看不到的事情：

毒气室由有学识的工程师建造；

孩子被受过教育的医生毒死；

婴儿被训练有素的护士谋杀；

妇女和孩童被受过高中或者大学教育的毕业生射杀；

所以，我怀疑教育。

我的请求是：希望你们帮助学生做一个有人性的人。永远不要用你们的辛勤劳动，去栽培孕育出学识渊博的怪兽、身怀绝技的疯子，或者是受过教育的纳粹。

阅读、写作、数学等学科，只有在用来把我们的孩子教育得更有人性时，才显得重要。①

可见，我们究竟要培养怎样的人，这才是关键中的关键。教师要致力于帮助每一位学生认识到自己作为有价值、有意义的社会成员的内在潜能。因而，教育工作者要激励学生的钻研精神，帮助学生获得知识、理解力和有意识地建构价值目标。作为教师，您首先是一位教育者，其次才是一门课程的教师。

---

① ［美］海姆·G.吉诺特：《老师怎样和学生说话》，冯杨、周呈奇译，海南出版社，2005年版，第239页

　　许多知名不知名的教育家,都给过教师许多建议,都曾经以"给教师的建议"为题贡献过宝贵的教育思想。这些建议,对于教师的成长,对于教师更好地胜任工作,都是有益的。作为生活者和教育者,我们都需要被提醒,被劝勉。由于每一个人所持的立场和切入的角度的不同,由于人们眼界不同,志趣不同,对教育理解的层次不同,建议的价值取向、精神内涵就会不同。但不管怎样,作为教师,听一听别人的建议,总会或多或少有些益处。既然是建议,我们就可以姑妄听之。不过,作为一个心灵开放的人,一定会用积极的态度对待别人的建议。这除了要有一颗开放的心灵,还需要有善于思考的头脑。

　　教育工作千头万绪,不管是一百条建议,还是一千条建议,总归是挂一漏万。我在这里给予教师们的建议仅仅几条,可我认为是比较根本的。

1. 让心灵变得丰富和深刻

　　在更多的人穷得只剩下贪婪的今天,让心灵变得丰富和深刻是一个近乎奢侈的话题。我始终认为,对教师来说,最重要的是文化底蕴。所谓文化底蕴,就是对于人类的精神成就的分享的广度和深度,就是学识的修养和精神的修养。因为,一个教师的文化底蕴,不仅决定着他理解、驾驭教材的能力,决定着他参与课程开发的能力,更重要的是只有教师具有丰厚的文化底蕴,才能创造一个真诚、深刻和丰富的课堂,才能带给学生以广博的文化浸染,才能让学生在广阔的精神空间中自由驰骋。

我发现,在许多教师和学生的头脑中,有一个根深蒂固的观念,那就是所谓"课内"与"课外"。教科书上的就是所谓"课内知识",凡是教科书上没有的就是"课外知识",在我看来,这有画地为牢的嫌疑。教科书上的"知识"只是"药引子",只是"酵母",而只有教师能够超越"课内"与"课外"的人为界线,教学才能左右逢源,才能引导学生的思维纵横驰骋。到了小学高年级,特别是中学以后,发展学生的思考力,为创造力而教,就应该成为我们自觉的教育追求。这就需要教学具有应有的广度和深度。

2. 捕捉你生命中的每一次感动

我们的生活中以及许多报刊杂志上经常有一些令人感动的故事。感动,为善良和美好的人性感动,为高贵的情怀感动,于是便对自己有一份感动着的感动。我想,一个易于被感动的人,一定是一个幸福的人,一个善良的人,一个纯洁的人,一个过着真正的人的生活的人。

喜欢发现并赞美生活的人,总能发现生活中点滴的幸福,并善于把它传递给身边的人。这种人就是真正成熟的人。真正的成熟不是摆出一副"看破红尘"的沧桑,不是整天嘲笑别人的"幼稚",不是生活得百无聊赖却自以为曾经沧海……真正的成熟是以一颗感恩的心去接纳一切,包容一切,并学会重新去热爱,热爱一切美好和充满希望的人和事,而使自己变得"百炼钢成绕指柔"!

常言道:"送人玫瑰,手有余香。"让凝固的岁月生动起来,让感动常驻心田,并努力向这个世界贡献一份让人感动的思想和情怀,爱心与诗意。爱心本质上就是诗心！当我们的内心荡漾着诗意,生活也就变得无比的清新、明丽和温暖。

3. 给自己积极的心理暗示

消极和悲观是我们追求卓越的最大的心理障碍。我们往往以为人生当中有太多的"不可能",其实它们无不是我们自己所设置。我们总是被受挫、失败的想象吓住,并且害怕这种经历令自己蒙羞。我们总是把"不可能"的圈子划得很大,"可能"的边界也就越来越小。其实,任何有所成就的人,必定要把许多不可能变成可能。每一次真正的创造,每一次自我的提升都必须直接面对失败,面对"不可能"。而只会沿着"可能"的小圈子的轨迹行事的人,注定是平庸的;他"不可能"拾级而上,而只能原地打转。

给生命一种向上的力量,让崇高回归人们的情感世界,拒斥伪崇高,消解伪善,保持一颗积极、绝不轻易放弃的心,尽量发掘你周遭人或事物最美好的一面,从中寻求正面的看法,让自己能有前进的力量,而不要让借口成为你成功路上的绊脚石。

科学家指出,社会参与是人类的一个根深蒂固的愿望,任何形式的社会排斥,例如失恋、离婚、同事关系恶化、遭到拒绝等等,都会对人的身体和大脑造成一定程度的损伤。所以,人们要学会拥有一个乐观积极的心境。

美丽是人生的一种格调。一个具有自省的能力,眷注心灵,善取善舍,与时俱进,而又步履从容的人,必定能够将物质消费变成一种彻底的精神享受,将生存的艰辛与平淡琐屑调理为甘美与意味隽永。给予自己积极的心理暗示,我们需要经常对自己说:"我是重要的！我是能干的！我是快乐的！我是美好的！"作为教师,我们是如此的重要,从小处来说,我们可以影响几十个孩子一天的心情,从大处来说,我们可以影响一个孩子一生的命运,甚至可以影响一个民族和国家的命运。

4. 给予学生更多真诚的鼓励

我相信每个成功的人的经验之中,都一定具有最初的鼓励所给予他的温暖和力量。虽然说鼓励并不能使所有人都成才,但每个成功的人毫无疑问都离不开鼓励。更为重要的是,无论是一个人的信心的获得、价值观的确立,还是一个良好习惯的形成,鼓励无疑是非常重要的。鼓励会使我们每一个人更多地感受到生命的美好和提高一个人的自尊。

人的一生究竟有多少甜蜜和美丽? 生活的美好,往往是经过岁月的洗淘,在风雨沧桑过后,从心底涌出来的细腻温暖的回忆。给予别人鼓励需要对生活的闪光点进行敏锐的捕捉,能够细致地把握住生活中的点滴事件,从容而又传神地表现那些温馨的细节。魔鬼就在细节之中,天使也在细节之中。你的成功,你的失败,都是由一滴一滴的小水珠组成最后的汪洋大海。人生就是由每一天、每一个事件、每一个危机的处理、每一个工作的业绩组成的。如果你在小事情上苟且,那么你在大事上、你在一生中一定是一个苟且的人。

5. 有意味地言说

美好的词、美好的表达并不能消融现实的残酷,但美好的表达所包涵的信念、希望和爱心却可以使我们以从容的心态和乐观的精神直面残酷的现实。世界其实就是我们自己。人不是被决定的,态度决定一切,我们的思想就是我们的处境。

“任何一个人的精神世界总是和他的语言世界相连接、相吻合的,精神世界的开拓同时就是语言世界的延伸,语言世界的扩展也同时就是精神世界的充实。”教师教学使用什么样的语言,其实传达的是一种趣味和境界。

德国著名教育哲学家 O. F. 博尔诺夫（1903—1991）说过："人不仅在其说出的话中代表自己的意见，而且也正是在其说出的话中真正形成这种意见并使之明确起来。在这个过程中，人同时获得了其内在的坚强性，从无名的集体存在中摆脱出来，变成一个名副其实的'自我'。"①比如，课堂教学中，精彩的导语可以把学生引入一方绮丽的天地，让他们品味到知识之花的芬芳，采撷到智慧之果的魔力。

与言说的草率与粗糙相反的是言说的精心打磨与精致优雅。这是教育力量赖以栖居的心灵家园。对您的言说多一点用心吧。

---

① O. F. 博尔诺夫：《教育人类学》，李其龙译，华东师范大学出版社，1999 年第 1 版，第 117～118 页

10 中国古代的教育智慧

尽管我认为我们这个民族缺乏良好的理论修养,但我也认为中国历史上还是有许多心灵丰富和细腻的智者。在中国古代那个宁静、舒缓的社会,一些眷注心灵的精神贵族,在一些重大的思想领域细心揣摩,千锤百炼,打磨出不少微言大义的隽言秀语,虽有局限,但确也有不少智慧的光芒。

无论是在永恒经典的"四书"之中,还是在荀子的《劝学》,老子的《道德经》中,更不用说我国最早的教育专著《学记》和唐时韩愈的《师说》之中,都有我们今天在教育领域中进行理论创造的源头活水。中国古代的教育智慧集中体现在对于教育及其学习的意义的阐发上,也体现在对高品质的教育过程所应该具有的特质的把握上。

中国古代思想家都重视教育的作用。孔子认为:"少成若天性,习惯成自然。"(《孔子家语》)这实质上强调了早期教育的重要性。宋代理学家张载别开生面地提出了"天地之性"和"气质之性"两层人性论。"天地之性"是本然之善性,"气质之性"则是后天形成的有美恶智愚之别的性。他又认为:"为学大益,在自能变化气质。"(《理窟·义理》)"有气质恶者,学即能移。"(《理窟·气质》)明代学者王廷相又重申"习与性成"的命题,强调"习"在人的个性发展中的重要作用。

孔子说:"学则不固。"(《论语·阳货》)学习是使人去固解蔽的重要手段,它可使人消除偏见,可使人变得开明、开放而不固执。王充说:"如无闻见,则无所状。"又说:"实者圣贤不能性(生)知,须任耳目以定情实。"(《实知》)荀子说:"多闻曰博(广博),少闻曰浅(浅陋);多见曰闲(渊深),少见曰陋(浅薄)。"(《修身》)"不记,则思不起。""能记得便说得,说得便行得,故始学亦不可无诵记。"(张载:《理窟·义理》)"记诵者,学问之舟车也。人有所适也,必资乎舟车。"(章学诚:《文史通义·内篇三》)如《学记》所说:"记问之学,不足以为师。""书多阅而好忘者,只是理未精耳,理精则须记了无去处也。"(张载:《理窟·学大原上》)这就是说,记忆牢固,必须建立在切实地理解的基础之上。

泛道德主义是中国传统思想的重要特征。所谓"泛道德主义",是指一切以成就个人道德为依归,一切以服务于道德为目的,一切以道德评判为最高和最终的评判。因此,在中国古代,学习的主要目的在于德性的养成,孔子强调:"君子欲讷于言而敏于行。"(《论语·里仁》)这固然有其合理的成分,但中国古代教育思想对于人的理智好奇心的满足,理性精神的涵养,缺乏应有的重视,是其严重的局限和不足。

在对教育过程的揭示上,《中庸》认为"为学之序"是"博学之,审问之,慎思之,明辨之,笃行之"。"温故而知新,可以为师矣。"(《论语·为政》)温故何以能知新?缘由就在于学习者能够超越所给定的信息而生发出新的信息。

荀子把外界和与教育对人发生的客观影响作用称之为"渐"。他以为,"君子之所渐","犹玉之于琢磨也"(《大略》),必须慎加重视。他举例说:"蓬生麻中,不扶自直;白沙在涅,与之俱黑。"并且,人在社会环境中生活,应该"居必择乡,游必就士,所以防邪僻而近中正也。"(《劝学》)"积土而为山,积水而为海,旦暮积谓之岁……涂之人百姓,积善而全尽谓之圣人。……故圣人也者,人之所积也。"(《儒效》)荀子强调积累的价值,这也是对于孔子的温故知新思想的继承和发扬。

《礼记·杂记下》说:"张而不弛,文武弗能也,弛而不张,文武弗为也,一张一弛,文武之道也。"用它来比喻学习只有张有弛,劳逸结合,有节律地进行,才能保证精力旺盛,身体健康,学有成效。

庄子说:"且夫水之积也不厚,则其负大舟也无力。……风之积也不厚,则其负大翼也无力。"(《逍遥游》)"海不辞水,故能成其大;山不辞土,故能成其高……士不厌学,故能成其圣。"(《管子·形势解》)可见,重视积累,是古代思想家们共同的主张。

朱熹是儒家思想的集大成者,他强调:"时时温习,觉滋味深长,自有新得。"又说:"须是温故方能知新,若不温故便要求知新,则新不可得而知,亦不可得而求矣。"(《朱子语类》卷二十四)诵读是我国传统的学习方法。它一般分为朗诵法和默诵法两种。"诵"就是背诵、念。如"熟读成诵"。朱熹就曾说:"诵得熟,方能通晓;若诵不熟,亦无可得思索。"(《朱子语类》卷六)凡读书,"须要读得字字响亮,不可误一字,不可少一字,不可多一字,不可倒一字,不可牵强暗记。只是多诵遍数,自然上口,永远不忘"(《朱子读书法》卷一)。

王夫之在论述学习过程时也认为:"实则学之弗能,则急须辨;问之弗知,则急须思;思之弗得,则又须学;辨之弗明,仍须问;行之弗笃,则当更以学问思辨养其力;而方学问思辨之时,遇着当行,便一力急于行去,不可曰吾学问思辨之不至,而俟之异日。若论五者第一不容缓,则莫如行。"(《读四书大全说·卷三》)"未得乎前,则不敢求乎后;未通乎此,不敢志乎彼;如是则志定理明,而无疏易陵躐之患矣。"(《朱子读书法》)王廷相提出了"学博而后可约"(《雅述上》)的见解,并指出"君子之学,博于外而尤贵精于内"(《慎言·潜水》)。要真正做到通过读书而明理,就必须对问题理解得非常通透,而不是一知半解,似懂非懂。

为了使学习的内容巩固,并实现由"知"到"信"的转化和提升,许多中国古代的思想家都极其重视"疑"的价值,强调"学贵有疑"。朱熹就曾说:"读书无疑须有疑,有疑定要求无疑。无疑本自有疑始,有疑方能达无疑。"著名学者陆九渊的观点更是精辟:"为学患无疑,疑则有进,小疑则小进,大疑则大进。"另一学者张载也讲过:"于无疑处有疑,方是进矣!""疑而后问,问而后知,知之则信矣。"(陈献章:《明儒学案·白沙学案》)没有经过"疑而后问"所获得的"知识"并非真知,是不深刻和难以转化为个人的精神财富的。这些宝贵的思想遗产值得我们很好地继承和光大。

中国古代的教育思想,存在的局限也是非常明显的:缺乏严密的逻辑体系和理论论证,往往是只言片语,更不用说缺乏基于实证研究的有关各种变数之间关系的揭示和解析。另外,从先秦到晚清,两千多年在思想的广度和深度上都没有多大程度的拓展,因袭前人、"代圣人立言"的弊端也十分突出。当然,我们不能苛求古人,这也与农耕文明时代的中国两千多年"年复一年,丝毫没有长进"不无关系。社会生活的停滞必然带来思想的因袭,因为死寂的社会生活不能为思想者提供丰富的、具有挑战性的思想资源。更不用说,"文字狱"的盛行,思想自由、言论自由的缺乏所必然导致的思想的贫困了。

11 校本教研与教师成长

教学是教师职业生涯中最为重要的日常生活方式,也是每一位教师将其全部青春和心血用于浇铸的职业生命的存在形态。对教师来说,教学是如此的重要,以至关注教学、研究教学成为教师永保教学热情并能够享受教学的一种必要。

自从英国课程专家斯腾豪斯(L. Stenhouse)于20世纪60年代末提出"教师成为研究者"(Teachers as Researchers)和"研究作为教学的基础"(Research as a Basis for Teaching)这两个异常响亮的口号之后,行动研究(Action Research)就逐渐成为影响后世教育研究理论与实践的一个重要力量。在今天"教师成为研究者"和"研究作为教学的基础"一再成为鼓舞教育工作者热情参与和积极投身于教育改革的宣传标语而倍加受人瞩目。

教师成为研究者,最为经济和可能的途径就是校本教研。校本教研的真正目的是将先进的教育理念通过教师的教育探索过程变为教师的教育素养。如何理解新课程背景下的校本教研?为什么要进行校本教研?校本教研与校本培训是何种关系?怎样理解教师是校本教研的主体?其他国家和地区开展校本教研的案例有哪些?如何建立有效的校本教研制度?怎样创建校本教研与学习型学校?怎样看待校本教研与学校发展规划？如何制定校本教研方案？如何通过校本教研促进教师专业发展等等都既是理论问题又是非常具体的实践问题。

教师职业的特殊性，特别是教师所肩负的责任，对教师群体的综合素质提出了很高的要求，这一特殊性也使得教师在完成教学工作的同时需要面对来自多方面的压力。为了使教师对自我有更明确的职业定位、以更扎实的理论素养和更良好的精神面貌投入到教育中去，关注教师自我发展，增强教师职业认同感就变得尤为重要。

尽管教学是每位教师每天都要面对和进行的日常工作，但是过去我们却仅将教学当做单纯的工作来看待，忽视了教学对于激发教师的职业发展的内在动机。究其原因，恐怕不只是教学太普通了以至于大家觉得没什么专门研究的必要这么简单。教学之所以在过去被人们有所忽视，广大一线教师的职业生命之所以表现出会有枯竭的危险，这在教学叙事研究诞生之后，被认为是由于研究者和教师都忽视了教学对于教师的职业生命价值的重要性所导致的。

在教师专业化发展业已成为全社会关注的一个教育焦点话题的今天，如何使得我们的教师成为一名合格的专业化教师，这确实是摆在我们教师教育研究者和教师培训者面前的重大的理论与实践课题。在解决理论与实践严重脱节的问题上，行动研究为我们提供了很好的实践策略，这便是校本行动研究（school-based action research）与校本教师培训（school-based teachers edu-cation）。所谓"校本"，其义盖言之无非就是三点："在学校中"、"基于学校"和"为了学校"。结合学校的实际和教师的特点进行校本教师培训和校本行动研究，这不仅能密切理论与实践的结合，还能为教师的专业成长提供一个活生生的实践舞台，其实效性是显而易见的。因而，将行动研究转化为校本行动研究,进而再转化成校本教师培训,并将校本行动研究作为教师的一种职业生活方式,这对教育、学校和教师都是大有裨益的。

校本教研的目的在于行动研究,而行动研究的最重要的途径是叙事研究。教学叙事的魅力源自其对教师职业生命形态与存在方式的不懈的眷注。这是一种对教师生命的人性关怀。众所周知,教师所从事的教学工作是一项甚为艰巨的、琐碎的工作,其面对的又是一个个活生生的亟待教化的年轻生命,稍有不慎便可能会使孩子们的发展遇到不必要的挫伤。因此,教师的职业压力是非常巨大的。由于教师所肩负的巨大的职业责任,因而教师们成天埋头于如何教好学而无暇顾及自己的职业生命。而教学叙事正好是以教师历历在目的职业生活为基本的立足点,通过激发教师对自己的日常职业生活的描述与记叙以及整理和反思,从而使得教师亲身体验到自己作为一名教师的职业生命之美和职业生命之乐。

与其他重在术语堆积的枯燥的教学研究不同,教学叙事研究不刻意追求什么花样和西化的研究名词,重在教师眼中的真实图景和内心的真切感受,并以此作为教学叙事研究的第一手素材。正因为如此,教学叙事研究正日益成为一种非常受广大基层一线教师们所喜欢的教学研究方法。

其实,教育中的叙事研究早在卢梭那里就得到了非常极致的发挥。卢梭的自然主义教育理论有两大特色:一是以人的自然天性发展作为起点,教育要遵循自然,即教育法自然,一切教育都要依据自然人的发展规律来进行,任何教育活动都不能僭越自然;二是他对教育理论的建构是建立在一系列的有血有肉的活生生的教育叙事之上的,其伟大的《爱弥儿——论教育》就是人类教育思想史上最为典型的教育叙事的经典之作。正是通过叙事性的写作,卢梭成功地撰写出了以假设的他对爱弥尔实施自然主义教育的《爱弥儿》一书。《爱弥儿》作为被誉为西方三大教育经典巨著之一,其魅力正是在于它那平实而生活化的语言与平易近人的叙事风格。恐怕连卢梭本人也没有料想到那主要是其满卷的生活化语言与叙事风格深深吸引了读者的心。

人类最早对教育思想的表述就是通过总结教育经验开始的,随着人类思维的不断发展与思维素质的进一步提升,后来才出现抽象性较高的理论论述。如今,教育叙事研究的重现和受人重视,我们可以将之视为正是教育研究向原点回归的一种现代表征。在有的教育学元理论的研究者看来,当下的教育理论研究的重大缺陷之一就是缺乏与实际教育的生活联系和话语过于艰涩,有严重脱离实践的倾向。这样事实上给广大一线教师造成了教育理论是很难接近的认识误区。

现代教育理论有某种意义上的越来越走向"去生活化"(de-lifelization)道路的危险倾向,致使教育理论与教育实践之间似乎越离越远,教育理论与教育实践的脱节现象日趋严重。在一些人看来,理论一定是高深的,这种不良现象必须得到有效的遏制。有识之士提出的"大众的教育学"的命题在我们今天就有着特别重要的意义。由于教学叙事研究正好以教师的日常教学为核心,让教师能够切身体会到自己参与教学叙事研究的乐趣与意味,因此它在激起教师参与教学叙事研究的同时也激发起了教师们对教育理论的兴趣。

那么,我们又应该怎样来做教学叙事研究呢?首先是基于"教学问题"的课题研究;其次是基于"有效教学"理念的教学设计;第三是基于"教学对话"的教学行动;第四是基于"教学事件"的教学反思;最后是基于"教学回放"的叙事整理。教学叙事的终极理论诉求是全面促进教师的教学反思、激发教师参与教学叙事研究的积极性、广泛倡导教师开展基于以课堂教学为阵地的教学叙事研究。

因此，要做好教学叙事就需要教师行动起来，与此同时还需要专职的教育研究者深入到中小学一线亲自指导并解答教师们在研究中遇到的疑惑与问题，并和教师们一起探究改进教学的策略，从而最终达成共识，实现有效教学，促进教师专业发展和学生的全面发展。惟其如此，广大一线教师的职业生命才不会枯竭，才会获得源源不断的职业生命升华之源泉。

12 校本培训的具体路径

　　教育改革和发展的根本目的在于使每一个个体获得有尊严的存在所必备的素质。我国教育的现代化的成败取决于能不能办出一大批优秀学校，而办好学校关键是教师，这已成为了人们的共识。但在我国绝大多数地区和学校，包括大都市和发达地区的薄弱学校以及为数众多的农村学校，教师素质不高，仍然是影响教育质量提高的最为重要的因素。开展多种形式的教师培训不仅必要，而且可能。包括学历教育、脱产进修、在职进修在内的多种形式的培训，都能收到一定的效果。但笔者认为，"以校为本"的教师培训是较为务实和有效的教师培训的途径和形式。

　　所谓"以校为本"的教师培训，比较理想的是由多个教育专家组成的"教学诊断—评价与教师培训"小组深入到具体的学校，针对该校的实际情况，在对教师的教学进行诊断与评价的基础上所实施的培训。当然，学校在没有专家引领的情况下所组织的、基于学校发展需要、在学校中进行的校本培训也是有价值的。

　　如果说，一般的教师培训主要是帮助教师提高本体性知识，那么，"以校为本"的教师培训主要是提高教师的条件性知识。本体性知识是指教师所具有的特定的学科知识，如语文知识、数学知识等,这是人们所普遍熟知的一种教师知识。

有研究表明教师的本体性知识与学生成绩之间几乎不存在统计上的"高相关"关系。教师的条件性知识是指教师所具有的教育学与心理学知识。这种知识是广大教师所普遍缺乏的,也是"以校为本"的教师培训所特别强调的。我们可以把教师的条件性知识具体化为三个方面,即学生身心发展的知识、教育学的知识和学生成绩评价的知识。

另外,"以校为本"的教师培训特别强调教师教育能力的提高。教育能力所包括的范围非常广泛,韩进之教授将其归纳为七种能力:教学能力,言语表达能力,教育观察能力,注意分配的能力,思维的系统性、逻辑性和创造力,教育想象力和教育机智。

"以校为本"的教师培训工作力图达到以下目标:

(1)以先进的教育教学理论为指导,协助学校领导和全体教师将学校办成一个具有自己特色的现代化学校。

(2)以课堂教学的诊断与评价为切入点,协助教师制定通过努力可以达到的工作目标,增加教师的个人成就感;依靠全体教师全面推进学校的教育教学工作,发展学生的主体意识和提高学生获取知识、解决问题的能力和创新能力。

(3)帮助教师全面关注学校的各种形式的教育活动,包括通过提供学习策略的咨询和辅导,使学生更多地理解自我成长中的价值,唤醒学生内在的学习需要,促进学生学会学习和全面成长。

(4)帮助学校营造浓厚的教学研究氛围,增加教师与学生之间、教师与教师之间、教师与学校领导之间的信息反馈和沟通,从而增强学校的凝聚力和教师的归属感。

"以校为本"的教师培训工作通过以下步骤来推行:

(1)通过听课和会谈来深入细致地了解教师,融洽感情,建立友谊,取得教师的理解与信任;向校长和学校有关领导反馈教师的教学状况和教学需要。

（2）结合对教师教学情况的了解，集中对教师进行培训。教师培训的具体内容包括：①培训最新的学习和教学理论；②帮助教师备课：个别辅导和集体备课；③帮助教师进行教学科研，提高实际教学水平。

（3）和学校领导共同制定一套教学过程和质量的诊断评价量表，并结合具体教学内容，进行形式多样的教学培训，包括培训教师计算机辅助教学方法和技能，指导教师设计和使用教学软件。

（4）帮助教师备课，评点课堂教学，促进教师反思，并帮助教师进行教学科研，在适当的时期进行一轮更高起点的教学培训。

"以校为本"的教师培训工作的具体程序：

（1）研究教材、了解教师；

（2）听课、课堂记录；

（3）与教师会谈，评价会谈程序：A.阐明会谈目的，以调动教师的参与的积极性；B.讨论教学中存在的优点和创新之处；C.讨论教学中存在的问题与不足之处；D.讨论教师所需要的帮助；E.商讨进一步提高和改进的方法；F.制定可行的新方案。

（4）参与主题班会的设计和具体活动；

（5）参与备课和教研活动。

"以校为本"的教师培训工作在我国有着十分重要的价值和推广前景。各级教育学院、教研室、教师进修学校都可以，而且应该参与到中小学的校本培训中去。

第 四 辑

教师的学习与成长

1 以古典的心情对待学习

在今天这样一个由效率和技术主宰的时代,古典的心情,心性的修养,精神的价值,人文的关怀,渐渐地变得陌生与遥远。学习也就在心浮气躁、急功近利的主导下成为了外在的包装、利益的算计、轻巧的复制。

愈来愈多的人,希冀学习给他们带来立竿见影的效果与实惠。的确,有些知识与技术的学习,是有这种可能的,如股票与期货的知识。然而,在更多的领域和情况下,为了获取可以立刻变成工作成绩的操作性知识和经验的学习,其效果往往并不理想。任何知识,特别是个体的经验,都存在于一定的精神生态之中,要使它具有价值就需要有一个个性化的过程。没有把别人的知识和经验经过改造、扬弃、整合升华为自己的精神修养的学习是没有多大价值的,充其量只是些小技巧,而不是大智慧。

有更多的学习,其价值是十分间接的、潜在的,这就需要我们以宁静、闲适的心绪来对待。尽管古老的智慧、经典的知识,往往难以具有实际的功效,但都具有益人心智、怡人情性、变化气质、滋养人生的价值。这就是古人说的"腹有诗书气自华"。如果我们注意观察,就不难发现那些文化层次不高的人,其眼神多少有点浑浊、蒙迷和呆滞,而那些学问修养深厚的人,则目光坚定、炯炯有神,放射出智慧的光芒,坐在他们身边,即使默默无语,也能感受到一种博大与深厚,如同夏日的月夜坐在海边。

学者们把学习定义为获得知识与理解,或者通过切身体验或研究而掌握知识的过程。把获得和创造知识的过程定义为学习,能使我们区分作为过程的知识和作为结果的知识。心理学家肯·韦尔伯把真正的学习定义为我们的思想与理解向深层次结构的转化。当学习的突破发生时,我们的理解就扩大了。我们看到旧的知识并没有错误的地方,但是太小。我们于是"翻译"或重新组织我们的知识来适应新的、更为广阔的世界。学习是一定的重新组织和解释经验的过程。例如。一个小孩首先学会走,然后学会跑、跳和舞蹈。世界上所有这些新的操作形式并没有让旧的"走"的知识孤立。走的知识被整合到扩展的"舞蹈"的理解中,或者是随着韵律和声音而运动。

真正的学习正是人深层的精神需要,是"思接千载,视通万里"的精神漫游。学习需要刻苦。但更是一种快乐,是用努力酿造的快乐。学习总会有功利性的收益,但是,仅仅从功利出发去学习,却是违背人天性的劳役。在都市生活的浮躁中,倘还能保持一些古典的心境,一些虽经污染却还能沉静的心情去对待学习,像当年陶渊明那样,"历览千载书,时时见遗烈",打破当下的局限而游心于千载,去领略"书中乾坤大,笔下天地宽"的意趣,这是何等令人心旷神怡的事情!

记不得是哪一位天才有过这样富于诗意的表达:"文字就是生命的酒",这使人对海德格尔"所有的思都是诗"的命题又有了一种悠然心会的体认。的确,表达浪漫情怀、呼唤真诚、讴歌善良的文字,永远有着不可漠视的无穷魅力。

心与书的交流,是一种滋润,也是内省与自察。伴随着感悟和体会,淡淡的喜悦在心头升起,浮荡的灵魂也渐归平静,让自己始终保持着一份纯净而又向上的心态,不失信心地契入现实,介入生活,创造生活。

"三更有梦书当枕"、"半床明月半床书",自古就是高洁之士的写照。明月虽然清寒,书却因博大精深而温润生命。阅读中你会一次次受感动,又会在感动之后更深切地洞悉生活的真谛;读书的过程也就是一个"物我的回响交流"的过程。因为它能唤起我们对永恒和伟大的渴望,所谓"高山仰止,景行行止",那是可贵的创造力的源头,是人类文明发展不竭的动力。

　　柏拉图的"洞喻"表明:亮光在你背后,生命期待着我们的"蓦然回首"。当我们能以古典的心情对待学习时,春日的鲜花、夏日的小溪、秋天的明月、冬天的残阳,都将以更为美好的风姿走进我们日臻完满的生活。

2 教师的专业成熟及其途径

成长是我们生命中永恒的主题,感受到自我的成长无疑是一件惬意的事情。教师的职业是一种专业。这意味着教师的劳动具有创造性和复杂性。从教学新手到专家型的教师,其间有一个专业成熟的过程。

教师的专业成熟包括这样三个方面的内容:专业眼光——能用发展的眼光、教育的眼光看待学生和用整体的、和谐的眼光看待教育性活动;专业品质——建基于教育理想与信念、体现于日常的细微的行为之中的以身作则、率先垂范;专业技能——课堂监控、演示讲解、练习指导等方面的技能。

成熟就是自主地、理智地热爱,成熟意味着心智的和谐发展、有效的自我表达以及对自己的行为负责。

自主地、理智地热爱意味着"有所弃之后的有所取",有着自由意志和独立人格,热爱自己的工作、自己的专业,热爱自己当下的生活。

心智的和谐发展"意味着不偏执、不狭隘、不固步自封、不因循守旧,而是随时敢于打破已有的均衡,去重新开始新的探索并有勇气去承受可能带来的沮丧。

"有效的自我表达"意味着我们不心灰意冷,不麻木,不冷漠,有感情有需要向别人体面而充分的表达,能平等地与所有的人交往,能带给人以坦诚和温暖。

"对自己的行为负责"意味着自主判别、自主选择和自主承担,意味着你可以活出你所认为的"成熟",并对你的行为可能招来的嘲笑与非议作出自己的判断并坚守自己的立场。

教师的专业成熟,其途径大体上有学历提升、各种形式的短期培训、校本培训、参与教育实验这样四种形式。

1. 教师的学历提升

教师的素养包括这样三个层面:文化底蕴,教育追求与教育智慧。文化底蕴即我们对于人类的精神成就的分享程度,它决定着我们对于世界理解的广度和深度;教育追求就是我们对于教育根本问题的个人观念,它决定着我们的关于教育的理想和信念;教育智慧就是我们处理日常的教育问题所表现出来的机智、技巧与艺术。

教育追求和教育智慧都只能从我们内心生长出来. 其长势取决于土壤的肥沃程度:我们的文化底蕴,我们的学识修养、心性修养、精神修养;教育追求和教育智慧也都不可能从外面灌输进去。没有任何一门课程可以直截了当地教给我们教育的智慧。

半个多世纪以来,关于教师的人格特征的研究,已经积累了大量的文献,业已明确了一个好教师应具有的人格品质。盖兹达(G. M. Gazda)等人曾将许多这方面的研究加以综合概括,指出"一个好教师应具有的人格品质"包括:提高别人的学习能力,增强他们的自尊心与自信心,缓和他们的焦虑感,提高他们的果断性以及形成并巩固他们为人处世的积极态度,等等。

教育活动是一种创造性的劳动,这种创造明显地不同于一般发明创造或艺术创作,它没有成比例的因果关系和确定的显性目标,而是浸透着人文精神的一种不间断的无止境的探究完善过程。为此,教师必须在以先进的教育理论为指导的研究状态下工作。

学历不能等同于学力,但这只是问题的一个方面。问题的另一方面是,无论从群体抽样的概率统计优势来看,还是具体到个人,学历与学力,即使不是成正比,也一定成正相关。因此,教师的学历提升还是十分必要的。教师基础文明的教养程度决定着他们胜任工作的程度。全国各地许多省市纷纷提出教师任职的学历标准,应该说是十分必要的。

2. 各种形式的短期培训

作为实施"园丁工程"在全国各地广泛开展的各种层次的"骨干教师培训",有着重要的现实意义和深远的历史意义。它对于培养学科带头人,促进教师的专业成长,将起到积极作用。

这种形式的教师培训所注重的不应该是一招一式,不应该是教学的技能、教学的模式,而主要应该是教育的理想、教育的信念、教育的境界、教育的追求,是不断地去唤醒、激活和弘扬存在于每一个教师心中的"教育的智慧"、"教育的点金术"。这就是教师培训不同于其他职业培训的地方。对于礼仪小姐或营销人员的培训,我们可以详尽到服饰和化妆的一些具体要求,而对于教师,穿着打扮只要得体大方就可以了,薄施粉黛或素面朝天,二者各有千秋。多样化是教育的一大资源,而强求一律则有可能扼杀个性。学校是心灵接触最微妙的地方,教师需要用心灵去工作,最主要的是教师的精神修养、心性修养。离开了这个,一切的规训都将缺乏灵魂、缺乏神韵,而灵魂与神韵却只能是内生的,只能唤醒内心明敏的感受力去体味,去感悟,而不可能从外面灌输进去。

因此,创设一种情景并有充分的互动,以便使教育思想成为教师的信念,是十分必要的。因为教育信念的形成,需要有丰富的个体体验和理论的彻底性。

3. 校本培训

"以校为本"的教师培训有着良好的前景。所谓校本,即"以学校为本"、"以学校为基础",它包含三方面的含义:一是为了学校,二是在学校中,三是基于学校。

所谓"以校为本"的教师培训是指由多个教育专家组成的"教学诊断—评价与教师培训"小组深入到具体的学校,针对该校的实际情况,在对教师的教学进行诊断与评价的基础上所实施的培训。

在校本培训中,引导教师系统地阅读是极其重要的。只有当教师建构出一个认知平台,形成对于教育问题的基本的认知框架,他才会有基本的判断力、鉴赏力、批判性的思考力。通过系统地阅读优秀的教育文献,在教师们的心中确立起关于教育的基本的问题、基本的概念与范畴、基本的原理与命题。

促进教师的成长,最重要的是要帮助教师养成良好的阅读习惯,系统地阅读,批判性地阅读。文字作为表达人类思想与情感的载体,其广阔与纤细、其玄妙与确当,恐怕是其他形式,比如图像与音韵所比拟不了的。文字背后有广阔的空间,给思想留下了纵横驰骋的广袤的场域。张大千(1899—1983 年)先生说:"作画如欲脱俗气、洗浮气、除匠气,第一是读书,第二是多读书.第三是有系统、有选择地读书。"读书对于画家尚且如此重要,何况对于教师。

4. 参与教育实验

"科研兴校"已逐渐成为广大中小学领导和教师的共识,"科研"何以能"兴校"呢?

科研之所以能够兴校就在于:

首先,教育科研有助于明确办学思想和教育追求。办学思想是一所学校的灵魂,是一个方向问题。方向对了,路再远,也会有抵达的那一天。

其次,教育科研有助于用先进的教育思想凝聚人心,鼓舞士气,营造良好的育人氛围;"对于学校的领导,首先是教育思想的领导;其次才是行政的领导"。

再次,教育科研给予教师发展的空间和机会,有助于丰富教师工作的动机与明确努力的方向,从而使教师获得更快、更好的成长。

最后,在学校中,探索本身就具有教育的价值。因为探索带给人的是开放的心态、学习的需要、超越的意向和成长的渴望。

实践已经充分证明:教育科研是教师专业成熟的有效途径。那么依靠什么来推动学校的科研呢? 无疑,教育实验是一个重要的途径。学校中,教育科研的真正价值不在于"发现规律,建构真理",而在于将先进的教育思想、教育理念变为教师的自觉的教育理想与教育信念。

存在着一个较为普遍的现象就是:教育实验一实验就成功,一推广就失败。为什么会是这样呢? 原因恐怕就在于:由于教育实验有明确指导思想,经过了充分论证、有足够的理论准备;在实验过程中,教师在先进的教育理论的武装下,自身素质得到了提高;学校有了明确的办学方向;给了教师、学生和家长积极的心理暗示;学校、教师和学生都有了更多的投入,等等。而教育实验推广的效果并不理想,就因为缺乏上述条件,简单地移植一些具体的做法,自然不能收到好的效果。这也说明通过开展教育实验培训教师的必要性与重要性。

以上四种教师专业成熟的途径最终都离不开教师的自我反思与自主发展的能力,因为教师自身才是教师专业发展的重要保证。教师的自我反思是指教师对各种教育观念、言论、教育方法、教育活动、教育事实和教育现象进行的自主判别和认真审视，特别是对自己的教学实践进行检视和反省；舍此，教师的专业成熟，教师的不断超越自我和发展自我，就将成为一句空话。

最后，我还想特别指出，教师的成长远远不仅是教师个人的事情，而是整个社会的事情。在道义上，我们每一个人都对教师的成长负有责任。因为，教育改革的第一个法则是："命令无法完成改革"（Fullan，1993 年），任何教育改革都需要有新的技能、能力、热忱、动机、信念和洞见，只靠命令是不够的；教师不是技术员，没有人能令他改变，没有人能强迫他有不同的想法或发展新的技能。只有教师愿意，教育改革才有可能（欧用生，1999年）。

3 教师的"六个学会"

教师在一个人成长历程中的重要性几乎是不言而喻的。假如一个人在他的学生时代曾经遇到过一个好老师,那么,他即使坏,也一定有限;相反,假如一个人在他的学生时代不曾遇到过一个好老师,那他的存在对于社会就可能是一个巨大的危险。

联合国教科文组织提出的 21 世纪教育的四大支柱是:学会认知、学会做事、学会共同生活、学会成为你自己。这是从培养年轻一代所应有的素质而言的。而作为教师,要能在新的历史条件下胜任自己的工作,就需要不断成长和发展。所以,广大教师,特别是优秀教师,需要做到"六个学会":学会等待、学会分享、学会宽容、学会选择、学会合作、学会创新。只有当我们的教师具备了这些素质,人类才能拥有更加美好的未来。

学会等待,意味着教师能够用发展的眼光看待学生,意味着能够用从容的心态对待自己所做的工作:不急于求成,不心浮气躁,不指望一次活动、一次谈话,就能收到立竿见影的效果。因为一个好的品质的形成,一个不良品质的矫正,都不可能是一蹴而就的,而是一个长期的、曲折的过程;即使是一个概念,一个原理的掌握,也都很难一步到位,而是一个不断丰富、不断深化的过程.一个需要不断"温故知新"和"知新温故"的过程。

其实,从我们个人的生命历程来说,我们 90% 的努力都是徒劳的,而正是这貌似徒劳的努力,使我们拥有9%的接近成功的机会,而正是这"9%的接近成功的机会",最终使得我们有1%的取得成功的可能。

每一个人都有一个从幼稚走向成熟的过程。学会了等待的教师,一定永远不会对学生说"你不行"。教育是最能体现"一份耕耘,一份收获"的领域,只要我们付出真诚的努力,就一定会取得成效,尽管更多的时候不是那么直接,那么迅速。当我们学会用等待的心情看待学生时,我们就能对学生少一点苛责、少一点失望、少一点冷漠,而多一份理解、多一份信心、多一份亲切。

分享是双向的沟通、彼此的给予、共同的拥有。教育的过程其实也就是教师和学生一道共同分享人类千百年来创造的精神财富的过程,分享师生各自的生活经验和价值观的过程。分享,意味着教师更多的是展示,而不是灌输;是引领,而不是强制;是平等的给予,而不是居高临下的施舍。

学会分享,首先意味着学会倾听,学会走进儿童的内心世界,学会从儿童的眼光看待世界。高高在上的老师,怎能听到学生真情的呼唤? 自以为是的学生,又如何听得进老师的肺腑之言? 重要的是以心换心,彼此倾听。

其次,意味着努力创生一种新的分享方式和新的表达方式,因为分享方式和表达方式本身就蕴含教育的因素。

再次,意味着对于自我中心、自以为是、好为人师的倾向的自觉防范。

最后,学会分享是和学会欣赏别人高度相关的:欣赏别人其实就是真诚地去分享对方的闪光之处,它会带给我们非常单纯的满足、愉悦和欢乐。有人讲,我们不见得喜欢我们所赏识的人,但一定喜欢赏识我们的人。人同此心,心同此理,对别人表现出真诚的赞扬和欣赏会使我们的生活有更多的阳光、温馨和美丽。而当一个人在成长的历程中没有得到足够的关注、爱和欣赏时，一旦他拥有了权力，就更容易表现为自我中心、专制与独裁。

教育就是引领人们从狭隘走向广阔的过程。学会宽容，就是努力使自己变得胸襟开阔、气度恢宏，就是心智不那么闭锁，头脑不那么固执，思想不那么僵化，眼界不那么狭隘，就是尽可能地尊重多样性、珍视个性，尽可能地从多种角度看待事物，尽可能习惯"一个世界，多种声音"。

要做到如此这般，就必须不断地学习，领悟人类心灵的广袤与深邃，理解世界的多样与神奇，明了世事的无常与诡异。俗话说得好，"人心不同，各如其面"，由于每一个人的社会关系是千差万别的，每一个人的生活境况、生活道路也各不相同，世界在每一个人的眼中所呈现的样貌、所展示的色彩，也就不尽相同，因而每一个人对于同样的事情有不同的态度、不同的看法，就再正常不过了。使我们每一个人变得开朗、开放、开明，去创造一个宽厚、宽松、宽容的心理氛围，对于人的健康成长与和谐发展，对于我们宁静的心绪，对于我们的修身和养性，都是十分必要的。

一个崇尚个性的时代，也必定是一个崇尚合作的时代。因为一方面，个性使得合作成为必要与可能；另一方面，个性也只有在人与人的合作的关系之中才能得到健康发展。因此，学会合作就意味着对于不同、对于差异、对于另类，甚至是对于异端的尊重与接纳；意味着我们学会了"求大同，存小异"，学会了必要的妥协、退让、隐忍和放弃。

作为教师，需要很好地和校长合作，和同事合作，和学生合作，和家长合作。合作需要有善于沟通的品质和能力，需要有理智的判断和成熟的热情，需要有设身处地为他人着想的品质和推己及人的胸怀。

社会的加速发展,使人类的生存环境呈现出多变、多元、多彩、多险的飘忽迷离状态,平衡而单一的局面被打破,不确定性和可选择性同时增强。因而每个人或社会在求发展的同时,必须学会做选择。当成功与失败并存、机遇与陷阱同在时,正确的选择就成为走向成功、抓住机遇的十分重要的第一步。所以,我们可以用"注重选择"来概括这一时代精神。它意味着人类将通过选择来寻求适合自己发展的空间和途径,划一的、同步的、简单服从计划安排的发展模式不再被认为是天经地义的了。

衡量一个社会文明程度的一个重要尺度便是:看它在多大的程度上,多大的范围内,为个人自由全面的发展提供了可能性。这种可能性实质上就是人们对于自己的生存、发展和享受的方式的可选择性。社会的进步总是伴随着人们拥有愈来愈多的选择的机会和可能。学会选择就成了一个更加文明、人道、合理的时代人们必备的素质和能力。在一个变得越来越多样、丰富和便利的世界,人生的历程真正成为一个不断选择的过程。

民主化、个性化教育自然需要以教育的内容、教育的方式的可选择性为条件。而教师不是一个被动的被选择的对象,而应是一个引领学生进行积极选择的向导。因此,教师本人必须学会选择,学会选择教育的内容,选择教育的时机、教育的途径和方法。这就要求教师有非常丰富的积累,有高度的判断力和鉴赏力,如此才能有不俗的选择能力。

学会创新,意味着教师能够不断地探索以便改进自己的工作,不断尝试新的教学方式和教学风格,能够从不同的角度对那些习以为常、司空见惯、熟视无睹的事情作出新的解释,能够对那些理所当然、天经地义的事物抱以重新的审视,能够对那些似是而非、以讹传讹的种种说辞予以警示。

我们希望教师学会创新,是因为只有具有创新意识和创新能力的教师,才可能培养出具有创新意识和创新能力的学生。

创新是一种心态,一种工作作风,一种人格特征。我们希望教师学会创新,并不是要教师能探索出对于整个人类来说都是新的认识、新的规律,而是希望教师通过自主探究,将古老的教育智慧变成自己的信念和教养,从而体现于自己的日常的、细微的教育行为之中。

具有创新意识的教师,也一定具有开放的头脑、进取的精神和探究的兴趣。而这些品质本身就是极其重要的教育力量、教育资源,是好教师重要的人格特征和内在资质。

"六个学会"是优质教育对教师的要求,是新世纪对教师的厚望,也是衡量教师专业成熟与否的标尺。

4 教育探索:从自我反思开始

作为教师,"教书育人"的过程只有同时是一个探索的过程,它才是真正意义上的教育过程。因为探索本身意味着你有一种开放的心态,你有进取的意识,你是一个好学深思的人,是一个不断超越自我的人,而不是一个墨守成规、固步自封、得过且过的人。当然,"不断探索"只是真正教育的必要条件,而不是充分条件。

作为教师,教育探索并不一定要有什么什么级别的研究课题,谁谁谁给你立了项,你才可以开始。如果你真是为了提高自己,为了更好地胜任你的工作,为了学生更好地成长,而不是因为外在功利的诱迫,那么,只要你愿意,在任何时候,任何条件下,都可进行。其实,在人类文明的各个领域,许多重要的思想成果都是在十分清贫的境遇中取得的。智慧和灵感总是青睐生活简朴的人。

许多的教育探索也并不需要高精尖的仪器与设备,它只需要一颗忠诚、明敏的心,只需要我们对那些视而不见、习以为常的事物进行批判性的审视,只需要我们对那些司空见惯、熟视无睹的事物用心去发现,只需要我们不断咀嚼、反复琢磨、再三玩味那些理所当然、天经地义的常规和说辞,只需要我们试图去改变那些貌似合理的历来如此、大多如此的想法与做法,哪怕是一点点。

比如,"教育"一词,我们都太熟悉不过了。而这个词所具有的丰富内涵,又有谁能悉数道来。从严格的意义上说,"上学"和"教育"是两个概念。因为"上学"可能意味着被摧残、被奴役、被束缚、被禁锢、被愚弄、被欺骗、被蒙蔽……而所有这一切都可以以"教育"的名义和"教育"的形式出现。难道不是这样吗?!

那么,什么是教育呢? 这大概可以从认知和情意两个层面来判断,在认知这一层面上,教育包括:①经验的分享——意味着平等的给予和心灵的晤对,意味着对学生生活世界的关注;②知识的建构——意味着发现知识的个人意义和将知识组织进意义网络之中;③心智的敞亮——意味着遭遇理智挑战,并进而获得认知上的冲突和洞见。

而从情意这一层面说,至少应包括:①善的目的——所谓"善的目的"意味着"人的发展、个人的自由和个人的幸福",其本身就是目的,有着"独立的善"的价值,而不是因为"人的发展"有助于社会的和谐和进步才有其价值的;②"教育"的方式是合乎道德的——它是基于对于具体的、独特的个人的尊重和珍视,不能因为我们的出发点是好的,我们就可以肆意对待学生;③"教育"的过程能带给学生积极的、愉快的情感体验①。

这只是一个例证,用以说明教师的教育探索重要的是要有新的视界和探索的精神。那怎样才能有新的视界呢? 我的回答是:学习,学习,再学习;以古典的心情对待学习,不要急功近利,不要心浮气躁;从错误中学习,在合作中学习,在探究中学习。

一个有事业心和使命感的教师,理当作为教育的探索者,其

---

① 对"教育"列出一个"标准"是受黄向阳博士《德育原理》一书的启发,该书是较有深度的理论著作

探索的最佳门径就是从自我反思开始。学校中的一切对于我们现代人,尤其是能够做教师的人,或很有可能成为教师的人(如师范院校的学生)来说,一点也不陌生,我们有许许多多的经历和体验,有许许多多的欢乐与痛苦,也有许许多多的渴望和企盼。正如一首歌所唱到的:"每一个人都是一个完整的故事,每一个记忆都有未曾翻开的日历",我们不妨想一想,在那些熟视无睹、习以为常、司空见惯的现象背后,是不是潜存着某种契机和可利用的资源,或者是潜伏的危险与可怕的毒化? 这就需要我们通过反思,彰显那些被日常生活的琐屑和平庸给遮蔽了的事情的本真面目。

师生关系是教育大厦得以建立的基石,理想的师生关系是良好教育的内在要求和当然要素。学校是人们的心灵相互接触的世界,真正的教育意味着人和人心灵上的最微妙的相互接触。"文化生态"这一观念包含着对多样性、差异性、独特性、个体性和自主性的尊重。

"文化生态"这一术语力图标志群体成员之间在精神、心理、情感、价值观以及行为等方面的互动关系。从文化生态学的意义上看来,班级是一个由教师和若干有着不同的家庭文化背景、所生活的社区文化背景、不同的性格、不同的气质的学生结合而成的文化生态组织。在这一组织中一般会产生群体动力这种生态现象。教室是班级授课和学生自学的场所。学生在校期间75%的时间是在教室度过的,教室便构成了一个"文化生态圈",这个生态圈中的"文化生态"的优劣直接影响着师生的身心健康和教育效果。

在教室中,我们可以发现师生关系中常见的行为模式和文化—心理效应:权威关系、顺从行为、从众行为、暗示、模仿、感染、利他行为、侵犯行为、整饰自己的行为。在课堂中,可以观察到的行为还不止这些。而这些行为由不同个性、气质、知识水平和道德修养的教师与学生表现出来,其丰富性和多样性是不难想象的。

　　由于教育总是蕴含于细微的、日常的行为之中,教育活动就成了最能体现人与人关系的社会活动;任何虚假的、矫情的言辞和表演,都无法唤起真诚。布贝尔极其深刻地指出:师生关系本身既是人与人关系在教育领域中的体现,更是教师和学生作为人而存在和发展的独特方式,具有无可比拟的教育力量。师生关系的展开和师生交往过程,是学生获得人际体验技能和终生交往品质的重要源泉,也是学生建立价值系统的现实基础。师生关系是每一个个体所经历的一种非常重要的社会关系。从某种意义上说,教育的全部意蕴包含在师生关系中,教育过程甚至可以看做是师生关系形成和建立的动态过程。

　　从文化生态的观点看来,师生关系不只是一种单纯的私人关系,它具有公共领域中人际关系的特征。受布贝尔思想的影响,我国学者李瑾瑜对于师生关系的性质有着精当的表述:师生关系的核心,是把教师和学生看成是真正意义上的"人",即师生之间只有价值的平等,而没有高低、强弱和尊卑之分。在理想的师生关系中,学生可以既作为人,又作为学习者积极地参与教学活动,也能在与教师的相互尊重、合作、信任中全面发展自己,获得成就与价值体验,并感受到人格的自主和尊严,也才能真正表现出自身的主体行为特征。在教育、在学校、在教室这个"文化生态"中,让每一个人都能感受到自主的尊严,感受到独特性存在的价值,感受到心灵成长的愉悦,这在很大程度上取决于师生关系的品质。

　　有的西方学者强调,在学校、在教室这个"文化生态圈"中教师角色应该被界定为"平等中的首席",教室是一个观念的生态圈,教师是看守这个生态圈的管理员。教师不是外在于学生生活和教育情景,不是外在的专制者,而是内在于情景的领导者;教师应该把学生真正纳入到一种平等、理解、双向的师生关系之中。因为正如人们不难理解的,课堂上教师的微笑就像冬天里的一缕阳光,能给孩子们带来温暖。正如当代人本主义教育家罗杰斯所认为的那样,真正有意义的学习是建立在正确的人际关系、态度和素养上的。

教师是学生成长中的"重要他人"。师生关系的品质对于学生的精神成长有着极其重要的影响。在良好的师生关系中,学生作为独立自主的、有人格尊严的、发展着的、有着不可限量的人,积极地参与一切课内外教育活动,在与教师的相互尊重、合作、信任中全面发展自己,获得成就感与生命价值的体验;教师通过创造积极的师生关系,使学生获得人际关系的积极体验,引导学生的自由个性和健康人格的生成与确立。

如果说,班级是一个社群,那么教师便是班级中的社群领袖。任何群体都需要有领袖,领袖象征着权威和秩序,否则群体就会失去凝聚力,不能发挥群体的功能。教育社群中的领袖需要以智慧的力量和人格的力量去赢得人心,从而确立与维护权威。

但"教师中心"置学生于依附地位是对学生人格尊严的蔑视和自主性、独立性的践踏,它贬低学生的理智能力和创新精神,低估了学生自我管理和制定规则的能力;"教师中心"的师生关系只能用来造就奴才和顺民,而不利于培养富于批判精神的民主社会的建设者。因此,取而代之的应该是民主、平等、合作的师生关系;其现实途径便是用交往和对话的精神重建师生关系。

在教室这一文化生态圈中,自由表达与自主探索应该得到充分的体现。让每个学生根据个人的意愿和节奏,选择适合个人兴趣和能力的活动,自由自在地学习和探索。通过建立合作气氛,提供互教互学、鼓励进步等途径把教育教学工作建立在师生合作的基础上,使学校成为一个既有民主生活,又有自我表达,既有相互协作,又有个人探索的独立空间。

6 教育试验的文化解读

　　我国新时期以来,正如有的学者指出的那样,教育实验蓬勃兴起和发展,无论是数量、规模、实验类型,都是我国历史上前所未有的;就其中某些方面而言,在世界教育史上也极其罕见。这一现象日益受到教育理论界广泛的重视。"科研兴校"已逐渐成为广大中小学领导和教师的共识。那么依靠什么来推动学校的科研呢? 无疑,教育实验是一个重要的途径。但为使教育实验朝着健康的方向发展,如何正确地理解教育实验的性质和功能,就仍是一个有待认真思考和探索的理论问题。

　　人们一般认为,教育实验是教育科学研究活动,笔者认为这种观点一般来说也是不错的,但有失偏颇。教育实验是在教育活动中进行的,而教育本身就是一种价值引导的活动,教育实验理所当然更应该彰显价值引导,它作为探索活动应该是在这样一个前提和基础上才能得以确立。从文化生态的观念上看,作为探索、研究活动的教育实验都只有在完整地关注全体学生的全面成长的前提下进行,才是健康的、合符教育道德亦即教育人道主义的。

　　从某种意义上,我们完全可以说,教育实验是比较高级的教育实践,是教育主体性最为生动、具体的确证和表征。教育是一种文化活动,教育实验就更是一种复杂的、与社会文化有着共生关系的活动。教育实验有这样两个相互连接、相互规定的基本点，那就是教育活动与探索活动的统一。

教育活动体现着教育实验的价值导向和人文关怀，规定着、体现着教育实验的教育理想、教育信念和教育追求；探索活动则体现着教育实验的真理性、尝试性和审慎性。教育活动的属性使得作为探索活动的教育实验免于沦为仅仅作为手段与技术层面操作，而探索活动的属性使得作为教育活动的教育实验免于激情有余而理性不足，以致沦为盲目的、情绪化的、服务于教育外在价值的运动。

从事实际教育工作的教育实验的研究者和纯粹的教育实验的理论研究者都在不同程度上存在着"教育实验首先是一种教育活动，其次才是探索活动"这一理论盲区。而教育活动则是教育者的价值引导与学生自主建构的统一。

无视或是淡化、贬低教育实验的教育活动性质，有可能存在着以下危害：

首先，漠视受教育者的自主性、主动性，漠视影响受教育者成长的因素的多样性和复杂性。

其次，违反教育实验的教育性原则。教育性原则首先是人道主义原则，就是一切教育实验都必须无条件地有利于学生的成长与发展，而不能把学生，即使是少部分学生当成"白鼠"、当成"实验品"、当成达到任何目的（即使这种目的是崇高的、完善的、辉煌的）的工具，因为正义的原则、人道主义的原则禁绝一切了了少数人的利益而牺牲大多数人的利益，同时禁绝为了大多数人的利益而牺牲少数人甚至个别人的利益（少数人、个别人自主、自觉、自愿的奉献是另一个问题）。

再次，夸大教育实验的效度和信度。过分迷信统计数据，夸大教育实验的效度和信度，其后果只能是简化人的成长过程、简化教育活动的人文内涵。有实验者通过一两年的实验就声称取得了显著效果。尽管这种"声称"有着更为复杂的背景和原因，但看不到教育实验作为教育活动的复杂性与长期性、看不到教育活动与教育效果之间的微妙关系，是其重要的认识上的原因。

　　教育实验的指导思想不明确，未经充分论证、缺乏足够的理论准备就仓促上马，这都与对教育实验作为教育活动的重要性认识不足有关。令人担心的是，轻率的、粗糙的教育实验与虚夸的、不严肃的对教育实验效果的宣称，有可能真正泯灭第一线广大教育工作者对教育实验的热情和信任。

7 教育永恒的支柱:历史与文学

    教育是传承文明和接续历史的活动。教育的目的是为了扩大而不是控制学生的思想和精神。作为教育的内容,作为承载我们的心灵飞升的载体,历史与文学对于拓展我们的精神空间,丰富我们的内心感受,对抗我们精神的平庸和堕落,有着不可替代的价值。

    历史的学习,是增进个体与整个人类的情感联系和熟悉人类经历的心路历程的桥梁和纽带。因为,"人是什么,只有历史才能告诉你"(狄尔泰)。在人类千百年的历史长河中,充满了刀光剑影、生离死别、血腥与暴力、眼泪与欢笑以及正义战胜邪恶、文明战胜野蛮的艰辛与曲折,一曲曲的喜剧、悲剧、闹剧竞相上演,异彩纷呈,令人目不暇接。这种丰富性其本身就有着极其重要的教育价值:世界原本就是丰富多样的存在,谁又有理由推行霸权与独裁?

    历史既不是子虚乌有的过去,也不是凝固的实体性的存在。历史的丰富性、偶然性给了我们感受历史的体温、气息和色彩的畛域,给了我们尽情地展开想象的翅膀的广袤的空间,给了我们的心灵自由地舞蹈的宽阔舞台。在历史的荒原中,有我们可以发现的、能够深刻地校正我们观念的最为异己的文化,使我们获得对于我们自身所处状态的一种洞见,从而使我们自己获得应付陌生事物的信心。就是这样,我们一次又一次地从狭隘走向广阔。

"如果我们放弃历史,那么对历史的每一次超越就都成了幻觉。事实上,只有在这个世界之内,我们才能超越这个世界地生活。世界周围没有道路,历史周围没有道路,而只有一条穿越历史的道路。"(雅斯贝尔斯)要真正历史地把握过去,就要体验到时间异质而充实的内涵,在这个体验中唤醒我们深刻而丰富的记忆,从而进入历史。

我们只有通过记忆苏醒的瞬间才能进入历史;只有进入历史,才能真正历史地把握过去。面对历史,我们可以哭、可以笑;可以追思,也可以戏说;可以歌唱,也可以怒骂。历史给了我们宣泄情感、升华体验、深化认识的处所,这又何尝不是我们的祖先留给我们的一笔宝贵的财富?选为了使这笔财富充分地发挥它的作用,发挥它培植年轻一代的历史理性与人文关怀的价值,这就需要我们摒弃那种按照某种政治需要将历史涂抹成宣传工具的企图,摒弃那种将一种解释非法地晋升为惟一正确解释的企图。

这并非危言耸听的杞人忧天。据《历史与未来》披露:亚洲大部分国家都患了选择性健忘,历史教材被明显删节与肆意歪曲弄得千疮百孔。日本篡改历史教科书,美化其"二战"侵略史早已臭名远扬,而韩国那些斩手指抗议的青年又是否记得所学课本也极少涉及"慰安妇"的历史,印尼更加不会提到1965年苏哈托执政后那场50万人大屠杀,泰国、印度、柬埔寨也是这方面的"典范"。真不知道这些国家是否清楚历史是明镜,不让下一代人从完整的历史中学习与思考,又怎能期望他们能更好地建设未来呢?

文学是虚构的艺术,是想象的殿堂。无论什么时代,文学都是对于人类所面临的问题的象征性的解答,因此而成为生活的教科书；文学还是人类灵魂的守护神：文学之于读者，是精神得以寄托与憩息的殿堂；读者与文学，应该是走进这殿堂寻找自我的一个过程。

有作家说，小说是什么？小说是碰触人类伤口之后流出来的血。好的小说是过渡读者精神的桥梁，通过这样的桥梁，我们可以抵达广阔的精神彼岸，奔向崭新的精神天地。好的作家，会让不同的人在自己修筑的殿堂里找到恰当的座位，让每个人都心甘情愿地走进去流连忘返。想一想，古往今来有多少可以构筑这华美殿堂的超凡圣手。手捧他们的作品，读着读着，我们久已忘却的梦想和沉沦的激情也渐渐升起来了。想起安徒生，想起美人鱼，我们就不可避免地想起了爱与美，那是隐藏于日常生活中的智慧，它们像金子一样闪闪发光，使我们平凡的生命焕发出非凡的亮丽。

然而，我们有一种很令人沮丧的阅读习惯：人们会在不同的时代背景下，要求文学作品富有更多的社会意义，或者哲学意义，或者其他什么意义。这种功利性极强的阅读习惯由来已久，文学的艺术价值丧失了其独立存在的意义，文学沦落为宣传的工具。由于这种比较浅薄和恶劣的阅读习惯，导致我们的语文教学成为枯燥乏味的、模式化的流程。

在文学经典那里找到的可能是自己的形骸，也可能是一束思想、一点灵光、一把可以拾得起的记忆……莱昂内尔·特里林（Lionel Trilling）说："文学是教会我们人类多样性的范围与这种多样性之价值的惟一武器。"相信人生许多感悟，就在捧卷细读之时——感谢在一个阳光明媚的午后，茶烟轻扬，书香浮动，风尘仆仆的心灵终于可以回家了。抑或在那幽静的夜晚，我们守在小窗前，望着那灿烂的星空，憧憬着美妙的人生境界，吟咏着自己宽广而又温柔的心灵。久而久之，我们的身心都与那广阔的星空、美妙的境界融为了一体，实现着人生的超越。

我们倡扬人文教育,其目的并不在于熟识作品名称、文人姓氏,而在于引导学生迈进价值观念、学术思想的角斗场,竞才智之技,将学生引领到广袤的时空之中,感受博大、丰富、深邃。惟其如此,人文精神方有望养成,才能实现教育的真正价值。

让学生从历史中、从伟大人物的传记中、从文学作品中,去感悟生命的伟大,去感悟人性的美好,去感悟人生的创造之美、奋斗之美,去激发和推动他们追求比生活本身更高远的东西,这就是历史和文学的教育价值。正如有识之士所指出的:"历史、文学、人物传记,并不是能更直接地参与世界的改造,但它却能唤起人们内心深处渴望改造世界的冲动和欲望,能唤起人之所以为人的自豪感受,能唤起一个人坚信自己内在的力量是无坚不摧的信念。"

教师通过历史与文学作品中的大量事例这一最丰富的资源来进行有关好与坏、对与错、正义与邪恶、文明与野蛮、真理与谬误的辨识、领悟,从而起到启迪智慧、陶冶情操、生成信念的作用。现代派诗人、著名文学史家闻一多先生宣称:"一般人爱说唐诗,我却要说'诗唐'——懂得诗的唐朝,才能欣赏唐朝的诗。"历史与文学,在这里成为相互解读的依凭。还是孔德说得好:认识了人,就是认识了历史。而"对过去视而不见的人,对未来也将是盲目的"(德国前总统魏茨曼)。

随着历史的变迁,作为教育的核心要素的课程,总会有所增加或者减少,但历史和文学,作为两大永恒的支柱将一如既往地支撑着教育大厦的巍然耸立。

有学者指出,20 世纪 90 年代以来许多跨文化的智力测验证明,中国人的智力在全世界各民族中是最高的,能与中国人智力相提并论的只有犹太人和亚洲的一些民族。但是人们也发现,当中国的孩子们经过幼儿园、小学、中学、大学这条教育的"流水线"的"加工"之后,有些"产品"的质量却不如西方发达国家,为什么? 就是因为当我们的学生在为考试得高分而拼命地算题、背书的时候,人家的学生却在那里高高兴兴地干着自己喜欢的事情,发展着他们的创造力、人际交往技能、语言表达能力、审美鉴赏力等等。笔者认为,之所以出现这种局面,与我们过去将教学过程片面地视为获取知识的认识过程不无关系。

个体的精神需要,可以概括为认知、交往和审美。教学,作为师生共在的精神生活过程,是认知、交往与审美交互作用、相互生成的过程。国际上把教育分为四个层面:知识教育、能力教育、创造教育、审美教育。任何一个层面的教育,都离不开认知、交往和审美的和谐统一。

认知过程无疑是教学过程的主要方面,这包括感知、理解、记忆、想象等等,是学生掌握概念、术语、原理、命题、公式、事实的心理过程。在许多教师的观念中,学生是嗷嗷待哺的婴儿,如果不喂给他(她)食物,他(她)就可能会被饿死。所以,总是强调给学生"全面""系统"的知识。这种观念仍然是与对主动学习的能力缺乏足够的信任相关的,这一观念存在的"合法性"也得到了整个教学制度的支持:课程与教学分离,考试与评价以基本知识的掌握为重点。

着眼于人的全面成长的教学过程就应该是一个由认知所主导的过程,但认知中有交往,也有审美;正如交往中一定有认知和审美,审美中有认知和交往一样,三者你中有我,我中有你,相互渗透,相互生成,共同构成富有生机与活力的教学过程。

在教学中交往具有意义的自足性。它源于人的精神需要。发展不是外在于交往过程的一个目的,它存在于交往过程之中。交往的根本意义不在于获得某种认识论意义的"主体间性",而在于展示、发现和发展自我,在交往中获得个人的完整性和全面发展。

一般来说,每一个个体的一生都是在交往中度过的。人类世代积累的知识经验可以凝聚在物质财富和精神财富之中,但每一个个体掌握知识经验却是在与人类知识经验活的载体——成人的直接交往中开始的。

交往是一切有效教学的必需的要素。任何先进的传播媒介之所以不能取代教师,其中一个重要原因就因为教师能创造富有情感的氛围,而富有情意的氛围与师生之间、学生之间的交往有着共生关系,即富有情感的氛围既是交往的条件,也是交往的产物。强调交往在教学中的意义,也将有助于更新教师的教学观念:对教师而言,上课是与人的交往,而不单纯是劳作;是艺术创造,而不仅仅是教授;是生命活动和自我实现的方式,而不是无谓的牺牲和时光的耗费;是自我发现和探索真理的过程,而不是简单地展示结论。因为只有的的确确地交流了,我们才能设身处地为他人着想,我们才真正地理解和尊重对方。

教学过程不仅是一个认知和交往的过程,还是一个审美的过程,其审美对象,不仅包括人类的智慧之美——科学美与艺术美,也包括人性之美和教师的人格之美。从某种意义上说,一台戏也好,一堂课也罢,都不能孤立地看做是一次单纯的职业行为。因为任何职业都是受制于人的因素的,其中就包括人的敬业精神、从业态度等等。一个教师,其实也是社会舞台上的一个"角色",他在讲台上讲课,更是在社会舞台上"做人"。教师的一言一行,都是在向学生乃至社会展示着自己的人格品位。

教学过程的审美特性体现于具有理智挑战的认知过程中,体现于师生平等、融洽、和谐的交往之中,体现于师生的心灵晤对中,体现于充满愉悦和成功的生活体验之中。而在我们的教育中,苛严的规训和强制纪律仍然司空见惯,人们对它也熟视无睹、习以为常。这大概就因为严厉的管束在中国是一个古老的传统。很多的人喜欢它,很多的人认为它是最省事的、甚至是惟一可行的措施与手段。

日积月累的重复训练,完全抑制阻塞了一个孩子自由想象的空间。他们习惯了把内心和个性完全隐蔽起来。其实,在学校教育中,学生的创造力是在集体中表现出来的,没有自由、安全、愉悦的集体气氛便不能培养最佳创造力。

从根本上把传统课堂教学沉闷的"呈现—接受"模式变为生动的"引导—发现"模式,"在引导下的发现"和"在发现中的引导",充分展现出课堂教学动态生成性的格局,焕发出蓬蓬勃勃、生生不息的生命活力,应该成为我们教学改革的方向。

只有将教学过程统一于认知、交往和审美,作为学校中心工作的教学,才能担当如此重任,才能使教学过程成为磨炼意志、升华思想、陶冶情性、净化心灵、沐浴灵府的过程。

9 追求教学的最佳效果

关于教学,孔子有一则非常经典的表述:"不愤不启,不悱不发,举一隅不以三隅返,则不复也。"(《论语·述而》)中国古代的教育智慧在这里得到了最凝练的确证与表征。

这实际上涉及到教学的四个最基本的要素:教学的内容——"一"。所谓"一"就是具有广泛迁移性的、能创造知识的、"含金量"较高的那些知识。全世界一流的教育家都在寻找这个"一",克纳夫基和根舍因的"范例教学"就是显例。之所以要寻找这个"一",首先是因为学生"学到的观念,越是基本,几乎归结为定义,则它对新问题的适应性就越宽广";其次是正如

庄子有言:"吾生也有涯,而知也无涯;以有涯随无涯,殆矣。"(《庄子·养生主》)"有涯"与"无涯"之间的矛盾是古已有之,在今天,这个矛盾是愈益尖锐。知识总量的激增,进行新的创造所需要的知识基准愈益增高,尽管我们在不断地延长人们的受教育年限,但毕竟不可能无限的延长,因为生命本身是有限的。对于这个"一"的寻找,今天是愈益显得迫切了,这对我们的课程改革提出了持续不断、无可回避的挑战。

二是教学的时机。所谓"愤",就是指人们在苦苦思索而未果的状态。而"悱"则是想表达而又力不从心、言不及义时的状态;这样的时机标志着学生对于探索性的教学过程的积极参与:

不是现成结论的简单展示。而是从"存疑"到"释疑"并在新的基础上"生疑"的过程;这样的时机正是有效的教学必须努力营造并积极捕捉的。

三是教学的原则和方法,那就是启和发:个人的成长经常表现为内心的敞亮,表现为茅塞顿开、豁然开朗、悠然心会;启发,即为心智的开启、思想的祛蔽、潜能的显发。今天我们谈"启发",就不能不注意到理性霸权和教师权威在知识教育中的消极作用。理性霸权所孵化的知识暴力,挤压着我们的心理空间和精神空间;对知识的膜拜,压抑甚至泯灭着我们的创造力。在课堂上,学生隽逸奔突的才情、明睿深刻的洞察,由于来自教师权威的压力使得学生缺乏对自我足够的自信而不能得以张扬和生发。为了在教学方法上适应创新教育的要求,布鲁纳的"发现学习"和施瓦布的"探究教学"值得认真借鉴。

四是效果:如何使每一个学生在原有的基础上获得最大程度的发展,这是全部教育智慧的灵魂。当然,究竟"效果"意味着什么,首先是一个价值判断,其次才是一个事实判断。在我们今天看来,良好的教学"效果"自然包括探索精神、创新精神的唤醒与弘扬,创新能力的发展和提升,创造型人格的生成与确立。

英国诗人艾略特(T. S. Eliot,1888—1965年)在其名诗《岩石》中有这样一句发人深省的诗句:"在信息中,我们的知识哪里去了? 在知识中,我们的智慧哪里去了?"诗人大概是对信息激增时代信息无所不在所发的慨叹。而它可以引发我们作这样的思考:在教学中,如何实现由信息向知识的转化? 又如何实现由知识向智慧的转化?

我们知道,在教学中,要使学生对教师所教授的知识产生"共鸣",需要有这样一些条件:它们能够通过逻辑防线、情感防线和伦理防线并能达到"最近发展区"。也就是说,这些知识不仅是可以通过努力理解的,而且是学生个体认识中前沿性的问题。这样,教学过程中才会出现"内心的敞亮",才会有"茅塞顿开、豁然开朗"这样一种认识过程中的飞跃。这就要求我们:一方面即使是基础知识的教学,也应站在学科发展的前沿反观基础、改造基础、重建基础,以便更准确地把握那个"一";另一方面,在教学的梯度上,在教学的适切性上,要把握好分寸。

10 完美的教学

在我看来,完美的教学必定有两个不可或缺的要件,那就是深刻与真诚。

所谓"深刻"意味着能够给予学生匠心独运、别一洞天之感,能够唤起学生的惊异感和想象力,能够使学生茅塞顿开、豁然开朗。当然,所谓"深刻",总是相对的。这首先需要教师对教学对象有充分的了解,使教学的目标是学生通过努力可以达到的,引领学生探索和思考的问题是处于学生的"最近发展区"的。

而所谓"真诚",意味着师生之间坦诚率直,彼此都尽情地表露瞬间的感情和态度;意味着教师的一言一行都是出自内心真实的感受,所表达的一切都是从心灵深处流溢出来的切肤之感,没有矫揉造作、故作姿态,没有"为赋新词强说愁"的无奈与空洞,有着自然、真切与和谐之美。实践证明,一个教师若能以真诚的自我对待学生,坦率地表达自己的真实思想、情感,真诚地承认自己的缺点和不足,做到言行一致,表里如一,学生就会敞开心扉,向教师说出自己真实的思想和感受,真正做到心心相印。师生之间这种以诚相待,彼此不断地进行多方面、深层次的沟通和交流,是建立良好师生关系的基础,从而也是使教学生机勃勃地开展的前提。只有充满真诚的教学,才能给人以温暖的感觉,才能有感染力与亲和力。

　　这里所说的深刻与真诚首先必定体现于教师对于一节课所要完成的任务和所要达到的教学目标的设定之中。每一节课都应该有其独特的任务和要实现的目标,但这种独特性正是存在于朝向一个高远的目标——我们要培养的理想的人——并成为实现这个崇高目标的一个步骤而存在。所以,教师必须对自己的教学目标有十分确当的设定和十分的清晰认识。

　　深刻与真诚更体现于教学内容的选择与组织之中。只有当教师对他所教授的内容融会贯通、如同己出、烂熟于心、了如指掌,才能得心应手、左右逢源,才能顺手拈来,皆成妙趣(谛),才会有那样一种拥有真理、"一览众山小"的沉着与自信;教师的教学对于学生来说,也就才会有理智的挑战、内心的震撼,以及触及心灵的影响。常言道,从水管里流出来的是水,从血管里流出来的是血。只有当教师讲授的内容是教师可以娓娓道来、如数家珍时,讲课才真正可以称之为"讲";而只有真正地"讲",教师才能把在课堂上的注意力集中在与学生的思想和情感的交流方面;只有真正交流了,才能给予学生广博的文化浸染,教学才能切入学生的经验系统,课堂生活才成为师生共在的生活。

　　深刻与真诚还体现于教学氛围的营造和教学方法的运用之中。完美的教学,在性质上应是富有想象力的,能唤起人们意外号惊讶的感觉,给身临其境者一种认识能力上的解放感;完美的教学犹如一篇优美的散文诗,它具有起、承、转、合的韵味,具有曲径通幽、起伏跌宕、峰回路转的魅力;它是一种精神漫游,教师收放自如,学生心领神会,既有纵横捭阖的豪放,又有细处摄神的精致。正如孟子所言:"言近而指远者,善言也。守约面施博者,善道也。"(《孟子·尽心下》)

　　完美的教学一定会使学生"学有所获",甚至是有喜出望外的收获。当然,我们不能对"课堂上的收获"作狭隘的理解,收获不仅包括认知的：概念、定义、原理（公理、定理）、公式、基本事实等等的掌握以及认知策略的完善，也应包括态度、价值观的改变、丰富与提升。所经受到的理智的挑战和内心的震撼，所获得的感动和鼓舞，以及精神的陶冶和心灵的净化，等等。一言以蔽之，完美的教学能够唤醒沉睡的潜能，激活封存的记忆，开启幽闭的心智，放飞囚禁的情愫。

　　我们教师总是容易低估学生的理智判断力和鉴赏力，而疏于精心设难问疑，使教师的内心世界深邃、教学应有的深度难以有效地得到充分的体现，因而就少了些许理智的挑战性和教学的活力；我们也必须承认，人的心灵有一种微妙、精敏的感受力，任何虚假、矫情和做作都无法唤起真诚，我们只有努力使我们的内心变得明敏、丰富和深邃，舍此，别无它途。

　　完美的教学一定能让学生感受到人性之美、人伦之美、人道之美；感受到理性之美、科学之美、智慧之美；感受到人类心灵的博大与深邃；感受到人类所创造的文化的灿烂与辉煌；能够唤起学生对于生活的热爱与柔情；唤起学生对未来生活的热烈憧憬和乐观、光明、正直的期待；能够以新的眼光审视生活、洞察人性物理。

11 从教学模式到教学艺术

　　近年来,随着教学思想的转变,教学改革和教学实验对多样化教学模式的探讨日趋活跃,在中小学教学实践中出现了各种新的教学模式的试验研究,取得了令人瞩目的成就,如自学—指导模式、目标—导控模式、问题—探究模式、情—知互促模式等等都已具有较大的社会影响。

　　教学模式既是教学理论的具体化,又是教学经验的一种系统概括。由于它有着较为稳定的教学活动结构框架和活动程序,特别是相对教学论中有关过程或"本质"的一般阐释而言,教学模式更易于理解、把握和运用,因而对于推广和普及先进的教学理论与教学经验具有重要的价值。由赫尔巴特原创的、曾风行于世界的"明了—联想—系统—方法"的"四段教学法",杜威提出的"暗示—问题—假设—推理—验证"的"五段教学法",都是教育史上有着重要影响的教学模式。

　　所有的模式都具有简略性。人们不必要也不可能将现实的教学情境完完全全地复演出来,因而教学模式只能根据一定的教学理论,在对实际问题(教学活动)提出假说的基础上,针对实际问题的解决步骤进行模拟或仿造;只能抽取某一类型的教学程序的主要因素,并将之组合。正因为如此,模式才成其为模式,并富有重要意义。因为"没有与模型的抽象性有关的简化,就不可能从构建模型中获得任何东西"。可见,没有简略性,就没有模式。在这里,简略性是以一定程度的抽象性为条件的,它使模式高于实践,为指导具体的教学实践活动服务。

研究与开发教学模式是丰富和发展教学理论的重要措施,也有利于将教学理论应用于教学实践。教学模式对于初上讲台的年轻教师和文化教育相对落后地区的广大教师有着直接的参考价值和借鉴意义。教学模式对于他们来说,具有"行为指南"的作用;就像练习武术,首先得熟悉武术的套路,从一招一式开始,当对这些招式掌握得十分娴熟以后,才会有个性化的东西,渐渐地才能达到出神入化、左右逢源、游刃有余的境界。因此,开发和推广各种各样的有良好教学效果的教学模式仍是十分必要的。

任何事物往往都具有两面性,优点和缺点总是胶结在一起。教学模式也不例外。教学所依存的条件是十分多样和微妙的,因而具体的教学情境千差万别。正如我们经常说的,没有完全相同的两个学生,也没有完全相同的两节课。尽管任何教学模式都有明确的应用目的或中心领域,而且有具体的应用条件和范围,有一定的针对性,但"模式"只能是"模式",它有着天然的局限性。

教学模式的天然的局限性依靠什么来超越呢? 我们的答案是教学艺术。教学艺术是凝聚、融会了教育机智在内的、针对具体的教学情境对教学模式的创造性的运用,是教师高度驾驭纷繁复杂的教学"变数"的能力的综合体现。如果说,教学研究者可以为教师提供有实践价值的教学模式的话,教学艺术就只能是教师自主性的创造的成果。

教学艺术是教师教学主体性和创造性的最好确证,没有对教学模式的创造性运用,教师的上课就容易成为"教教案"、"教教材",而不是"教学生",教学就难以避免封闭性、机械性、刻板与程式化，就难以避免教师唱独角戏和教师中心，就不可能顾及到学生独特的生命表现和学生提出的非常个性化的问题；学生在课堂上丰富的精神生活、自主交往和个性展示就都受到很大的局限。

教师教学艺术创生的能力，取决于教学经验的丰富程度，取决于对教学模式驾驭的娴熟程度，更取决于教师的资质和精神修养，这就是人们常说的"运用之妙，存乎一心"——假如你是一个内心世界非常丰富的人，一个富有爱心和教养的人，一个富有想象力和创造性的人，一个能够唤起人们对生活的热爱与柔情的人，一个能够"学而不厌，诲人不倦"的人，那么，你不仅可以成为一个优秀的教师，你也一定能胜任许多其他的工作。相反，假如你是一个内心世界苍白和贫乏的，一个麻木和粗俗不堪的人，一个平庸和委琐的人，一个不学无术的人，那么，你不仅不会是一个合格的教师，你所能胜任的工作恐怕是少之又少。

从丰富、具体的教学实践到抽象、简约的教学模式的生成，再到对十分个性化的教学艺术的呼唤与青睐，反映了人们对教学活动——这一人类重要的存在方式和活动领域——认识的深入，是人类认识"从具体到抽象，再从抽象到具体"这一过程的生动体现。

"学习"作为一个语词,人们耳熟能详;作为人的一种存在方式,人们司空见惯。自古以来,学习就是思想家们热衷于关注的主题。"学者,觉也"(《礼记·王制》),"学而不思则罔,思而不学则殆"(《论语·为政》),"学而时习之,不亦说乎"(《论语·学而》),"学莫贵于自得"(程颐),"思之自得者真,习之纯熟者妙"(明代学者王廷相),"化民成俗,其必由学"(《学记》),分别是古圣先贤对于学习的真义、学习的原则、学习的方法、学习的功能的经典性表述。

现代社会所需要的是富有教养、有独立性、有自信心、自由自律、敢于冒险、具有创造力、足智多谋、能够积极主动地参与决策和讲求效率的人。学习是我们每一个人乃至整个社会开启繁荣富裕、文明幸福之门的钥匙。对我们个人而言,学习是提供职业发展和提升生命质量的机会:学习可以帮助人们在他们以往想象中不可能的更多的生活领域中取得成功,提供完善自我发展和开发生活新技能的机会;可以塑造更丰富的、更积极的、更有创造力和更灵活的人生,同时使人不断自我完善:学习是产生一切探究活动和创造活动的动力源泉,也是我们终身发展的内在动力。

对于青少年而言,关于学习,可能存在以下动机:为了考试取得好的成绩，为了给父母争口气，为了回报某一个人，为了"黄金屋"，为了"颜如玉"，为了将来找到一份好的、体面的职业，为了自我的成长，为了能够创造幸福的生活，为了中华之崛起，为了人类进步的事业，等等。这种种的学习动机虽然都无可非议，但它们毕竟有高下之分。正如苏霍姆林斯基告诫我们的："应该抱有一种强烈的愿望去学习、去认识世界，以不断丰富自己的精神世界。倘若学生只是以将来是否有用这种观点来看待知识，他就会没有激情、计较个人利益、动机不纯，甚至情操低下。"从孩提时代开始，不断地唤醒和弘扬人的自然天性中蕴藏着的探索的冲动，养成敢于质疑的个性，培养对学习的终身热爱，这应该是良好教育的首要目标。

怀抱着强烈的高远的动机的学习，一定是建基于关注自我成长与发展的学习。而个人的发展实质上包含个人能力和社会关系两个方面：个人能力指鉴赏力、洞察力、学习能力、创造能力、表达能力等；社会关系的丰富则意味着个人能不断地拓展自己的生活舞台，在不断拓展的社会生活中成功地扮演各种社会角色："只有每日每时地不断开拓生活与自由，然后才能作自由与生活的享受。"（《浮士德》）

就学习的内容而言，不仅要学习科学、艺术和生活技能，态度的学习、价值观的学习，也是十分必要的：学会尊重少数、个别、弱势群体，学会尊重不同的意见，学会尊重人们捍卫自身权益的权力，学会尊重异端的权力，学会宽容，学会对于自我的立场、观点和趣味保持审慎的边界意识，学会对自我的行为、观点所依持的立场进行反思和检视，以防止过分的自我中心和自我膨胀。

对于在校的学生来说，听课与读书是最基本的学习途径。听优秀教师的课，使人们感受到的不仅是循循善诱，而且是心灵的晤对、人格的感召；它所获得的启迪和熏染，是读书不易感受得到的。而读高质量的书,却能使所获得的知识更为精确、扎实,也更适合于不同个体的认知风格。两者不仅各有千秋,而且可以相得益彰。

听课是学习,读书是学习,写作也是学习,而且是更有效的学习,因为写作使得阅读不能满足于泛泛浏览,而必须是一种研读;养成写作的良好习惯,也会使我们更用心地品味生活,洞明世事,从更广阔的生活世界中捕获到益人心智、怡人情性、滋养人生的知识与信息。

完整地理解学习,唤起人们不断高涨的学习热情,营造一个学习化的社会,是建设美好人生与美好社会的不二法门。因为在真正的学习发生的地方,你一定能真切地感受到学习者心灵成长的悸动和文明的律则。

第 五 辑

聚焦课堂

1 课程知识的特征

课程知识是通过一定的程序和途径选择出来的精致编码的知识。它在学校中作为学校教育的主要载体,作为师生交流互动的媒介,是学校场域中教育活动发生发展的核心要素,本身具有其独特的特征。自从教育学作为一门专门化的学科开始,课程知识的选择和组织的问题就成为教育理论特别是课程理论的重要课题。

布尔迪厄把课程知识视为"文化资本",阿普尔则把课程知识视为"法定知识"(legitimate knowledge)。课程知识来源于人类对自然、历史、社会及人性整体认识的思想宝库。但它又经过了一种精加工,它删除了知识原生态中那些枝节的、极其次要的东西,更是剔除了知识生成过程的背景、曲折艰难的过程。

课程知识的生成过程,实质上也就是从实践上回答关于"什么知识最有价值"的问题,选择什么样的知识以及这些知识以什么样的方式呈现和作为"文化资本"传授给学生。

概括地说,课程知识具有如下特征:

(1)制度化特征。自19世纪近代学校形成以后,开始出现了制度化的教育,它可以说是现代教育的基本形式。这种制度化的教育必然要求一种制度化知识与之相适应,学校所规定的课程知识就显示了制度化的特性。日本学者佐藤学指出了这种知识的四种性质："一是这种知识是在现有的被视为学问（科学技术与艺术）、作为真理与真实的知识中经过政府检定（或是国定）的，某种意义上说是经过过滤的知识；二是这种知识是儿童'能够理解和传递'、亦即被转换、归纳成得以传递的话语（文字）这样一种制度（约定俗成）的知识；三是这种知识在大多数场合是在当代的学问中显而易见的结论（正答）。亦即无须儿童通过学术论辩就可以学得的，而不过是通过检定教科书的学习，学习被视为'正答'的结论。即便要经过论辩的场合，也仅仅是学习有若干结论（正答）的知识；四是这种知识由于是局限于上述框架里，教师、家长和儿童也没有感到必须超越这种框架去求得知识。"①这种观点从课程知识的社会性及其传递过程中所呈现的特征来描述课程知识的性质，未必全面，但是却抓住了课程知识的关键性特征。这种制度化特征主要体现为课程知识的社会规定性，与国家政策有着较为紧密的联系。

实质上，课程知识的这种制度化特征，是课程的制定和实施也即课程知识的选择过程所决定的。学校课程要选择的是最基础的知识，课程知识作为实现新一代成长发展的"文化资本"，具有相对稳定的标准，变动性相对较小，具有较大的社会认同，是"约定俗成"的知识，具有一定的稳定性。

（2）社会性特征。课程不是简单的文化和史实的传承，课程知识也不是纯粹客观的外在于个体甚至社会的存在。课程是政治的、经济的和文化的活动的产物。课程知识选择的背后有社会权力的选择和意识形态的影响。课程主体是一定社会和文化环境中的人，处于具体的环境之中，受特定的文化背景的熏陶，因而不可避免地以所处的文化视角看待问题，这种视角会影响甚至干扰他们对社会现实的感知和理解。因此，不同的课程

---

① 钟启泉：《论"教学的创造"》，《教育发展研究》，2002 年第 7~8 期

主体在确定和选择课程知识的时候,就不可避免地会从自己所赖以居之的人文背景出发,其选择的课程知识内容则烙上他们所秉持的社会文化价值的印痕。正如马克斯·韦伯所说:"人是悬挂在由他们自己编织的意义之网上的动物。"[1]课程知识则是人类为自己所编制的意义之网。课程知识是社会选择的结果,具有选择性传统(selective tradition)。每一个时代都有该时代所需要的价值观。课程知识的选择就是要以该时代的价值观为基础,经由特定群体立场的认定。这也就是雷蒙德·威廉姆斯(Raymond Williams)所说的选择性传统,"从过去和现在的整个可能领域里进行选择,某些意义和实践被当作重点选出,而另外某些意义和实践则被忽略和排除。更加至关重要的是,这些意义被进行了解释、淡化或改变形式,以支持有效主流文化的另外一些要素或至少与之不相冲突"[2]。阿普尔主要从意识形态的角度看待学校课程知识。他力图证明课程知识的价值性和意识形态特性,指出课程知识"不仅仅是一个分析的问题即什么应被看作知识,也不是一个简单的技术问题,更不是一个纯粹的心理学问题即我们怎样让学生去学习,相反,课程知识的研究是一个意识形态的研究,即在特定的历史阶段,在特殊的机构中,特殊的社会群体和阶级把学校知识看作是合法性知识"[3]。这一点历史是最好的脚注。封建专制主义下的课程需要以忠孝为重,古代中国以"忠"、"恕"为本的儒家思想为课程知识的选取标准,西方的课程则以神学为中心。到了近现代,思想开放,科技发达,科学知识成为最有价值的知识,在课程知识中独领风

---

① 克利福德·格尔兹:《文化的解释》,上海人民出版社,1999 年,第 5 页

② 迈克尔·W.阿普尔著,黄忠敬译:《意识形态与课程》,华东师范大学出版社,2001 年,第 5~6 页

③ 迈克尔·W.阿普尔著,黄忠敬译:《意识形态与课程》,华东师范大学出版社,2001 年,第 53 页

骚,但是作为具有重要的德育价值的中国的传统儒学和西方的神学,都在学校课程中留有地位。课程是主流阶级的权力、意志、价值观念、意识形态的体现和象征,它实际上是一种官方知识,是一种法定知识。布尔迪厄指出,学校教育是维持形式上教育平等的意识形态,实质上是再生产不平等的社会结构的重要途径,而课程作为教育的内容,作为当时社会合法化的文化,作为一种文化资本,在文化再生产过程中起到举足轻重的作用,通过课程资源的获得,建立起一种权力支配与被支配之间的关系,在造成社会不平等方面充当重要角色。"社会出身主要通过最初的导向预先决定了人们的学习前途,即由此而产生的一系列的学业选择及成功或失败的不同机会。"①也就是说,文化资本少的学生要在学校取得成功非常困难,而文化资本较多的学生可能通过学校教育积累更多的文化资本,从而在社会上获得更多的成功机会。这样,课程知识变成一种象征符号性资源,变成一种文化资本,成为人们增强支配性地位和获得权威的途径。

（3）课程知识的序列特征。课程知识作为人类知识的一种表现形式,体现了人类认识的规律和逻辑。不论是以学科形式还是以活动形式存在的知识,其实都是反映着人类认识活动的不同侧面。作为学科,较多的是从抽象逻辑的角度,遵循着演绎思维的模式,体现着人类认识能力的发展,知识水平的提高。活动形式的知识则是从形象把握的角度,以归纳的方式体现着人类认识水平的发展。因此,课程知识也遵循着知识的这种内在的逻辑。

从实践的角度来看,课程知识的作用对象是学生,课程知识只是为其发展成长而设的人化的有利环境资源,是学生发展的

---

① ［法］P.布尔迪厄 J-C.帕隆梅著,邢克超译:《再生产——一种教育系统理论的要点》,商务印书馆,2002 年,第93 页

工具而非目的。因此,课程知识要适应学生成长发展的生理和心理特征,而这也要求课程知识遵循特定的顺序,由简单到复杂,由浅显到深入,由已知到未知,由过去到未来,由单极到多维。

课程知识的生成其实只是一种知识价值赋予的过程。当我们揭去知识的放之四海而皆准的"真理性"、"客观性"的面纱之后,知识的情景性、个体性、建构性的一面使得课程不再是叙述性的对客观实体的描述,而变成了由社会群体或专业组织对人类的文化积淀剪裁、建构而成的经验之途和实践指南。对于文化的剪裁,从某种程度上就是对知识的价值的一种赋予、认可的过程。

课程知识的制度性特征表明了学校课程知识具有稳定性,是作为一种先验的客观存在,为学校课堂教学提供了稳定的知识前提,在纷繁芜杂的生活世界中不为所动。课程知识的社会性特征是学校教育目的实现的保证,是个体社会化顺利实现的物质前提。课程知识在学校场域的顺利实现则是其序列性的表现。

课程知识的这些特征影响甚至决定了课程知识建构的方式和课堂教学的组织形式和效果。课程知识的生成过程其实就是对社会文化知识的选择过程,这种选择是以认知主体的心理过程和知识的逻辑体系为基础,并根据社会的需要对已有的文化知识按照一定的标准和程序进行选择的过程。

2 课程与教学

课程与教学是一个很宽泛的认识领域。也许有读者会说，它完全可以作为一套丛书的主题，岂是一篇短短的随笔说得清楚的。这么说当然不无道理。但我们每个人对一个重大认识领域在广泛涉猎的同时，也可能会有一孔之见。随笔的优势就表现在要言不烦地表达作者的一点心得、一丝感怀上。

课程与教学，作为教育学中的两个核心概念，二者既相互独立，又密不可分。课程包括教什么、教学内容如何组织、如何规划学习进程。教学是基于课程的师生共同活动的。这个系列行为涉及"为什么教、教什么、教给谁和怎么教"四个基本要素。课程只有落实在教学中才具有真实的意义，而教学必须基于课程的规制和指引，才能保证它的品质。

关于如何来看待课程与教学之间的关系的问题，美国学者塞勒(J. G. Savlor)等人提出的三个隐喻可以帮助我们思考和考察这个问题的实质。隐喻一：课程是一幢建筑的设计图纸；教学则是具体的施工。隐喻二：课程是一场球赛的方案，这是赛前由教练员和球员一起制定的；教学则是球赛进行的过程。隐喻三：

课程可以被认为是一个乐谱;教学则是作品的演奏①。

课程不仅仅是教学内容,它还包括学生学习和发展的整体的"布局谋篇",它是教学内容及其架构。在后现代课程观的视野中,课程不再被视为固定的、先验的跑道,而成为达成个人转变的通道。这一侧重点和主体的变化将更为强调跑步的过程和许多人一起跑步所形成的模式,而较少重视跑道本身。

在不同的教育阶段,设置什么课程,其中又包括哪些学习主题,各门课程所占的分量和地位如何,它们之间是一个怎样的关系,这都不是一个简单的问题,需要精深的研究和精心的设计。

就整体的课程设置而言,它首先有一个价值导向的问题,那就是开设这些课程究竟是为了什么,要把学生培养成一个怎样的人。泰勒在 1949 年出版的《课程与教学的基本原理》,被公认为是现代课程理论的奠基石,是现代课程研究领域最有影响的理论构架。这个原理是围绕四个基本问题运作的:①学校应该达到哪些教育目标? ②提供哪些教育经验才能实现这些目标? ③怎样才能有效地组织这些教育经验? ④我们怎样才能确定这些目标正在得到实现?②

在中小学开设一些什么课程,世界各国并无大的差异。核心的课程无非是语文、数学、科学、艺术、历史与社会、体育与健康。当然,有分量并不大的地方课程与校本课程。差异主要在具体内容的多寡、深浅和内容的组织上,特别是内容所包含的价值观的差异。价值观的差异通常可以反映出自由社会和极权社会的区别。

课程是教学活动的设计蓝图,它规定教学的方向、范围和进

---

① 施良方:《课程理论:课程的基础、原理与问题》,教育科学出版社,1996 年,第 139 页

② 泰勒著,施良方译:《课程与教学的基本原理》,人民教育出版社,1994 年,第 2 页

程。好的课程设计一定要顾及教学的可能与需要,给教学更清晰、明确和更富有内在关联的指引。而好的教学也需要教师更真切、更确当地把握课程的意图,理解学习内容的系统与要素之间的关系,而不是"只见树木,不见森林"。

现在我们的课程编制主要是由课程专家(包括学科专家)来着手进行的,尽管也吸收了一些教学经验丰富的一线教师参与,但广大教师对于课程的意识仍然稀缺,他们更多关注的是如何"教",而首先不是为什么要"教",这些内容以及当下所教内容在整体的学生成长所需的精神食粮中占有一个怎样的位置。只有当教师有很高的文化素养,课程与教学在行为主体中才能得到真正的、高度的统一。这种统一对于高品质的教育是非常必要的。

课程设置确定以后就是教学的事了。课程反映着教育目的,教学目标落实课程目标。教学目标应该是具体的、可清晰描述的、可分解的任务。但这其中应该渗透着一种灵魂,一种自觉的追求。教学最高层次的追求就是洗涤精神的尘埃,点燃智慧的灵光,引导学生"做有意义的事,做有尊严的人,过有品位的生活"。教学不仅应该是有效率的,更应该是有灵魂的。赫尔巴特在 19 世纪提出了"教学的教育性原则",是有其深意的。因为在他看来,"远非一切教学都是教育性的"。为此,赫尔巴特倡导"教育性教学",这是一种能够使人"高尚而不是变坏"的教学。① 无疑,教育性的教学是教师教育素养的重要体现。马克斯·范梅南有一句名言:"教学就是'即席创作'。"②这一"即席创作"的品位取决于教师的精神修养。

① 《赫尔巴特文集(3)》,浙江教育出版社,2002 年,第 214～215 页
② 马克斯·范梅南著,李树英译:《教育机智——教育智慧的意蕴》,教育科学出版社,2001 年,第 104 页

3　真正的学习情境

学习是人类的一种基本活动，也是人的一种基本生存、发展和享受的能力。"学习是人类倾向或才能的一种变化。"①学生必须在真实的学习情境中学会建构自己的精神世界、学会自律以及对自己的学业成败负起责任。教师的"教"也只有落实在学生的"学"上，教师的劳动才是有价值的。

什么样的情境可以称之为真正的学习情境？这是一个十分重要的问题，因为只有在真正的学习情境中，有效教学才有可能。而只有有效教学才能培养我们理想中的人。正如苏霍姆林斯基所指出的："用环境、用学生自己创造的周围情景、用丰富集体精神生活和一切东西进行教育，这是教育过程中最微妙的领域之一。"②真正的学习情境对于启迪学生的思想，陶冶学生的个性，激励学生的志趣，升华学生的情感的作用是巨大的，是教育过程中其他要素不可替代的。

不论是心理学家奥苏伯尔关于有意义学习的特征的揭示，还是保加利亚心理治疗家乔治·罗扎诺夫的"暗示教学"理论，

---

① ［美］罗伯特·M.加涅著，傅统先、陆有铨译：《学习的条件》，人民教育出版社，1986年，第3页

② 苏霍姆林斯基：《帕夫雷什中学》，教育科学出版社，1983年，第122页

还是建构主义教学理论都有助于丰富我们对于真正的学习情境的认识。他们认为有意义学习具有四个特征：①学习具有个人参与的性质，整个人（包括躯体的、情绪的和心智的等方面）都投入到学习活动中。②学习是自我发起的。即使在推动力或刺激来自外界时，学习中的要求发现、获得、掌握和领会的感觉仍是来自内部的。③学习是渗透性的。它会使学生的行为、态度，乃至个性都发生变化。④学习是由学生自我评价的。学生最清楚某种学习是否满足自己的需要，是否有助于得到他想要的东西，是否弄明白了自己原先不甚清楚的知识。

乔治·罗扎诺夫认为"能够发挥人类最大潜能的学习经验有三大特征，这也就是他的教学法或学习法的三大原则"，"第一，真正的学习是快乐的"，"第二，融合了有意识的和无意识的学习"，"第三，诱发内在的潜能"。

建构主义教学理论认为教师应该是学生学习的帮助者、支持者和合作者。教师的职责不应该是给予，而学生的职责不应该是接受。教师不应该把自己视为"掌握知识和仲裁知识正确性的唯一权威"。建构主义教学要求为学习者设计真实的任务情境，支持学习者对整个问题或任务的自主权，设计支持和激发学习者思维的学习环境，提供机会让学习者能够对所学内容和学习过程进行反思，同时强调建立学习共同体，鼓励学习者之间的相互协商。

综观世界范围内学者们的已有研究，可以概括出一个真正的学习情境至少应该具备如下四个特征：有明确且适当的学习任务；学习者有学习的意向；有和谐、融洽、相互支持和相互欣赏的心理氛围；有丰富的、高品质的学习资源。

明确且适当的学习任务意味着我们的教学是基于学生已有的知识和经验背景，在学生的头脑中有同化新知识的基础。这就需要我们教师了解学生，基于学生的已有水平来进行教学。

教学是有明确的目标追求和任务驱动的。

教学究竟要达到怎样的目标？布鲁纳提出了适合于现代教学的五个基本教学目标十分值得我们深思：①鼓励学生发现自己猜想的价值和可修正性，以实现试图得出假设的激活效应；②培养运用心智解决问题能力的信心；③培养学生的自我促进；④培养学生经济地运用心智；⑤培养理智的诚实①。这五个基本教学目标在我们许多教师的教学目标的设定之中几乎没有得到体现。

教师在进行教学目的的设计时，罗伯特·麦格尔（Rohet Mager）提出的教学目的三要素非常值得我们借鉴：一是陈述任务；二是确定怎样完成任务；三是确定应取得的最低成就水平（如果教师希望确定最低水平）。知识迁移是教学的目标追求，也是学习成果的重要表现形式。教育心理学的研究表明：许多学习迁移失败的原因就是简化的、脱离真实情境的教学取向。所谓"真实性"指的是学习情境和迁移情境之间的密切相关性。我们在设计教学环境时，既要考虑知识学习情境的设计，也要考虑知识应用情境的设计，应该把这两种情境整合起来。

学习者有没有学习的意向是真正的学习能不能发生的必要条件。有一个精妙的比喻：我们可以将马牵到河边，却不能按住它的头强迫它饮水。真正的学习情境的创设必然包括学习者学习动机的激发。一个激励有方、组织有序的课堂有助于营造真正的学习情境；相反，一个枯燥乏味、混乱无序的课堂对学生的学习将会产生消极的影响。真正的学习情境的第三个特征是由公开和乐意地承认、欣赏与尊重的互相表达方式来体现的；学生到学生、教师到学生都真诚、有礼貌地、充满友爱地彼此接受。

① 全国 12 所重点师范大学编《教育学基础》，教育科学出版社，2002 年，第 184 页

"如果我能设法造成一种真诚、尊重和理解的气氛,就会出现一些鼓舞人心的情形。在这样的气氛中,人们和小组成员的态度会从僵化刻板转向灵活变通,他们的生活方式会从一成不变转向寻求发展,从依赖他人转向依靠自己,从墨守成规转向富于创新精神,从谨小慎微转向接受自身的现实。他们的这些行为是人们追求自我实现的要求的生动的例证。"①相反,如果课堂气氛不和谐,充满着敌意、情绪的对立,那么学生就不能有灵敏的感受和流畅的思绪,就可能分心或注意力转移。

在课堂上,我们许多老师都曾与"问题"学生发生过冲突,对此,我们应该正视这一现实。如果老师对学生要求过于苛刻,如果老师表现出对学生的轻蔑和嫌恶,如果与学生眼神对视的时间太久,就有可能会导致双方的对抗,而且通常还会衍生出令人难以接受的行为。

真正的学习情境充满着对亲密的和真实的人际关系的渴求,是热情洋溢的,能够给学生以积极的情感体验。格式塔学习理论强调"一个人学到些什么,直接取决于他是如何知觉问题情境的"。人本主义心理学家卡尔·罗杰斯揭示出:"在这种关系中,情感和情绪能够自发地表现出来,它们并没有得到详尽的审查或者受到各种各样的胁迫;在这种关系中,深刻的体验——沮丧的和欢欣的——能被分享;在这种关系中,能冒险地采取新的行为方式,并且不断地加以提高。总而言之,在这种关系中,他能接近于被充分理解和充分接受的状态。"无数的经验证明,学生只有在充满真诚、安全愉悦的学习情境下,才会获得更好的发展。"真诚"是一种真实、纯正、信任的态度,是一种彼此的接纳和完全的敞开,它是学习共同体可靠性的前提条件。这需要

---

① [美]马斯洛等著,林方等译:《人的潜能和价值》,华夏出版社,1987年,第127页

教师能够以一种友好的、积极的和公正的态度指导和激励学生。

最后,真正的学习情境还包括拥有丰富的、有内在逻辑联系的学习资源。学习资源既包括知识,也包括信息。知识和信息是有区别的,正如日本学者佐藤学指出的:"信息与知识并不是一回事。知识,是经验经过语言化赋予了意义的概念。它的形成包含了经验的主体、经验得以概念化的语脉和社会过程。反之,信息不过是抽去了这种主体、经验、语脉和社会过程的东西。"[①]真正的理解就是思想与感受、观念与实体的连接。教师和学生都可以是优质学习资源的提供者。教师在课堂中的职责之一就是提供并帮助学生发现学习内容的内在的逻辑联系,进而内化为学生的认知结构。

---

① [日本]佐藤学著,钟启泉译:《学习的快乐——走向对话》,教育科学出版社,2005 年,第 55 页

　　有效教学是一个有着明确追求的、在教师引导下通过分享人类已有的精神财富帮助学生建构自己的内在自我的过程。教师对于教学进程应该做到精心设计，做到成竹在胸，以便能够有效地调控课堂，实现有效教学。但教学是师生互动的活动过程，因此，仅仅教师了解教学过程是不够的，应该通过一些可能的途径帮助学生理解教学过程。

　　帮助学生理解教学过程有多层意义：第一，使学生对教学进程有合理的心理预期和必要的心理准备。在这个学习主题的教学中，这个活动完结以后，下一个活动将是什么？为什么要有这个教学环节？教学过程是教师引导下的精神游历的过程，正如我们旅游，如果导游不明确告知我们今天要去哪里，路上要花多长时间，在某一个景点停留多久，我们就会感到焦虑，感到不踏实，就会时不时要问相关的问题。第二，有利于师生间的有效配合，并吸引学生实质性地参与教学过程。大量研究表明，学生实质性地参与教学过程对于提高教学的有效性有着重要价值。在教学中，学生为什么要参与？何时参与以及以怎样的方式参与？如果学生对于这些问题非常明确，他们参与教学过程的自觉性、积极性和有效性就会大大提高。第三，让学生理解程序的合理设计，有助于发展学生时间管理、设计活动的能力。每节课都有自己的要完成的任务。教学过程就是完成任务的一系列步骤，是一个程序。教学程序不仅是解决问题、完成教学任务所必需的，其本身也有学习的价值。一个问题能否有效地解决，一个任务能否有效地完成，程序的合理性往往不可忽视，有时甚至起着决定性作用。培育学生的程序意识，让程序内化为学生的思考策略，应该成为教学目标的一个元素，成为教学过程中时常关照的一个方面。

一节课的教学进度应该是怎样的，当然要根据教学目标、学习内容的性质、学生已有的知识与经验背景以及认知发展水平、教师自身的综合素养与特长等来决定，但作为最经常的学习新的知识的课（区别于练习课、复习课）还是可以概括出一些必经的教学环节的，如通过教师的讲述、提问、讨论，学生的复述、练习等方式复习旧知识。为什么需要这个环节呢？那是因为，任何学习都是促使新旧知识之间"联通"的过程，只有当学习者有同化新知识适当的知识基础时，学习才会有效。正如只有当有适当的土壤和水分，种子才能发芽和生长一样。因此，激活学生已有的知识积淀，以做到"温故知新"、"推陈出新"，为学习新知识营造心理氛围，准备必要的"认知接头"，就成为一个必要的环节。

练习也是一个必要的教学环节。在通过质疑、修正、多元化地理解了学习内容后，有一些智力技能或动作技能需要及时得到巩固，这就需要练习，甚至是足够的训练。比如说，在学习一篇课文后，学生能否详略得当地复述课文内容，这就需要训练。可以训练通过概括出一些"关键词"作为复述的"索引"，通过训练，提高学生概括、提炼和总结的能力，学会以简驭繁、由博返约。还比如，学生需要进行推理的训练，确保自己是在根据一套逻辑步骤来进行思考的。我们的课堂教学就是要努力为他们提供这样的机会。

时下正在进行的基础教育课程改革所提出的三维教学目标——知识与能力，过程与方法，情感、态度与价值观，许多中小学教师耳熟能详，"过程和结果同样重要"的理念也正在深入人心。三维教学目标提出的依据究竟是什么？"过程和结果同样重要"究竟道理何在？对此恐怕就不是人人都清楚的。教学的结果（包括知识的建构、技能的掌握、心灵的净化等）之所以重要就在于没有这些，学生的精神世界就不可能充实起来，学生就不能越来越自信地面对世界。而"过程"之所以同样重要，就在于一个人的思考问题的方式、价值观、处世风格等个性品质是在过程中形成的。学生的学习方式就是其发展的方式，而这个"方式"是在其过程中得到体现的。"过程"的重要性我们也可以通过这样一个事实来获得确认：当你以适当的速度跑完两三千米后，你可能觉得什么也没得到，但如果你经常这样运动，你就会发现你变得更有活力了，你的免疫力提高了，这就是过程的价值。其实，任何事情，离开了过程我们就一无所成。正如体育运动可以健身，作为脑力劳动过程的学习可以益智、怡情、正心、诚意。因此，使教学过程的设计更加合理、使学生对教学过程更好地理解并能更自觉地参与，对学生的自主发展都有着重要意义。

5 学习策略与知识的自主建构

学业成绩优异的学生与学业平平的学生之间差异形成的原因是多方面的,其中包括天赋(智商)、智力类型、学习偏好、家庭文化背景、学习动机、个性品质和学习策略。而天赋、智力类型是难以改变的,学习偏好、家庭文化背景也不易改变,发展学生的学习策略,就成了我们提高学生的学业成绩,并进而形成良好的个性品质(如坚持性、注意力集中、自我激励、勇敢地面对挫折等)的切入点和着力点。

所谓学习策略,就是诸多学习方法的整合化,就是对学习过程的高度自觉,就是在学习的过程中有意识地超越所给定的信息,自主地、能动地建构知识,而不是盲目、被动、机械、简单重复的抄写、背诵或者做习题。从某种意义上说,自主学习其实就是有效的、良好的学习策略的代名词。

自主学习,也称之为自我调控学习(self-regulated learning)。所谓自我调控学习是指学习者为了保证学习的成功、提高学习的效果、达到学习的目标,主动运用元认知控制策略、动机控制策略和情感控制策略,有效地控制学习的进程和学习任务的实施。其实质就是要求学习者对自己的学习过程进行自我监督、自我调节、自我激励和自我控制。

建构主义学习理论认为:任何知识的学习都是一个积极

主动的建构过程,学习者不是被动地接受外在信息,不是简单地复制和印入信息,而是主动地根据先前知识结构和经验,注意和有选择性地知觉外在信息,解释信息,并生成新的信息,建构当前事物的意义。这个建构过程是双向的:一方面,通过使用先前的知识,学习者建构当前信息的定义,因而可以超越所给的信息,在对信息的加工与处理的过程中,生成新的信息;另一方面,被利用的先前知识不是从记忆中原封不动地提取出来的,而是本身要根据具体实例的变异性而重新建构。由于要进行这种双向建构,学习者必须积极地参与学习,必须经常调整思路,保持认知的灵活性。

人们是按照逻辑(推理的"有效"法则)和个人经验去理解语言所表达的意念的。当然,个人的心理建构过程和水平是不断变化、发展和完善的,可以温故知新、知新温故,可以推陈出新,不断提高;由于事物存在的复杂多样性、学习情况存在一定的特殊性以及个人先前经验的独特性,所以每个学习者对事物意义的建构将是不同的。

与"学习"密切相关的是知识,对于个体而言,知识包括"知道"和"洞见"(或"见识")两个层面。"知道",其实只是信息的获得,而"洞见"才是建构知识的过程,真正的学习不是认知结果的堆积,而是在外在信息的刺激下的重新解释和重新组织,以生发出新的意义。这个过程的品质取决于诸多因素,其中主要的是学习策略。比如一个单元学习后的总结,就十分重要。总结往往伴随着提炼和概括,删除掉某些信息,保留某些信息并对某些信息进行加工,有利于理解的深刻和记忆的巩固。因此,教学中一定要包括课堂小结和阶段性小结。前者意味着课堂结束后扼要重述主要观点,从而帮助学生将新信息融入到连贯的、可理解的整体中。后者意味着帮助学生查验、思考刚刚介绍的知识与整个单元学习要点之间的关系。

一味地强调题海战术、重复练习，是与忽视发展学生的学习策略和促进学生知识的自主建构相关联的。其危害就在于：它加重了学生的学业负担，导致学生思维定式和头脑的僵化，导致内心的麻木和个性的呆板，压抑以致泯灭学生的内在的学习天赋和探索精神，不利于具有主动性、创造性、健康开朗个性的形成和发展。

可是我们许多的教师，更不用说绝大多数家长，关注的仅仅是学生对于学科知识的"掌握"程度——复现已成结论和熟悉解题套路，而很少关注学生的学习品质和学习策略的形成与发展，从而使得广大的学生的学习是低效的，有时甚至是无效和负效的。许多学生抓不住关键信息，信息组织能力差，不能从已有信息中生发出新的信息，建构知识也就无从谈起。

学生的生命主题是成长，而成长离不开有效的学习。因此，对于学生而言，切实地对自己的学业成败肩负起责任，理解学习过程，对自己的认知过程能作出自我监控，都有助于取得良好的学习效果。一个成功的人，一定是一个开朗的人，一个注重总结自己的经验和教训，一个善于向他人学习并不断完善自我的人。为此，教师的教学应该是一种有意识的、深思熟虑的行为，这种行为是在对于教什么、学生怎样才能学得最好做出深思熟虑的决定后产生的。另一方面，教师还要努力使课堂教学多样化。多样化并不能直接促进学习，可它对学生的注意力和参与精神有积极影响，从而使学生对学习有更强的接受能力。教师运用多样化不仅可以防止学生对学习感到厌烦，还可以使他们长时间地保持兴趣并积极参与教学过程。这对于学生发展学习策略、自主建构知识都有重要意义。

6　洋溢着生命温暖的课堂

有愈来愈多的教育学者把自己的研究视角锁定在课堂,这不仅是教育研究范式的一种改变,也是学者生存形态的一种改变。关注教育世界中真实的问题,和广大教师一道研究课堂,研究教学,研究学生,才真正有可能改变教师的教学行为,改变师生交往的方式和学生成长与发展的方式,从而使教育影响的生成、聚合和最大化成为可能。

课堂是学生生活与学习的场景。教室是有限的空间,而课堂可以不局限于教室,它可以是学生在更广阔的时空中,更为个性化的学习与生活的方式。因此,只要是以个体的成长与发展为主要目的的存在方式的场景都可以是课堂。

我们人性中的神性使我们对理想情有独钟。理想的课堂是师生之间心灵相遇的场所,是观照意义世界和感悟生命之美的场所。让课堂拥有"炉边谈话"般的温馨和真诚,让课堂播撒幸福的阳光,释放生命的灿烂,洋溢着生命的温暖。这就是我们对于课堂的理想。

洋溢着生命温暖的课堂,是让快乐主宰的课堂。每个课堂中都应该有笑声;如果在整节课过程中学生没有任何笑容,这样的课堂气氛就一定有些沉闷。教师应该努力用自己的人格魅力把幽默、欢笑和积极的力量带入课堂,使学生充满活力,快乐地卷入到学习之中。

　　教师生命意识的淡薄甚至阙如，是我们的课堂快乐稀缺的主要原因。只有从根本上把传统课堂教学沉闷的"呈现—接受"模式变为生动的"引导—发现"模式，"在引导下的发现"和"在发现中的引导"，才能充分展现课堂教学动态生成性的格局，使课堂焕发出蓬蓬勃勃、生生不息的生命活力。

　　洋溢着生命温暖的课堂，是充满理智挑战的课堂。由于受以"传授知识"为主导的思想的影响，教学中"质疑与探究"形同虚设，成为了走过场。更主要的原因就在于一些教师驾驭课堂的能力不强，一怕教学任务完不成，二怕学生乱了套，不敢鼓励学生大胆质疑，提出具有深度和开放性的问题。再加上课堂上教师的随机点拨欠缺或者不到位，不能有效引导学生的思维方向，不能自觉地发展学生的思考策略，这样的课堂就只能让人感觉"空洞的热闹"，而不能让学生感受到智力劳动的愉悦，感受到智慧之花的尽情绽放。

　　洋溢着生命温暖的课堂，是学生可以实质性地参与教学过程的课堂。只有当学习是学生全身心投入的整个生命存在的方式，学习才能促进整个人的成长。教师在课堂中的职责之一就是为学生创造一个尽可能开阔的思想平台，让他们独立地思考、自主地选择；而不是将我们自己的思考结论灌输给学生，更不是把我们自己的选择强加给学生。

　　若想使学生参与到课堂教学中，教师的表达不仅要有条理和清晰，而且要善于运用肢体语言、眼神交流、语调变换等。一位好的教师的声音应该是富于变化的，如高亢有力、充满激情、令人愉悦的。为了保证全体学生参与课堂，既不要忽视那些沉默寡言的学生，也不要总叫个别学生回答问题。好教师上课的方式不但轻松，而且富有激情。教学就是和学生一道分享对于学习的激情，分享发现的惊喜。好教师应注视每个学生的眼睛，穿梭于课桌和学生之间,提醒所有的学生从事当下的学习,以便使每一个学生都参与到课堂教学中来。让学生在课堂上"感悟"与"对话"共舞,"激情"与"理性"齐飞。

洋溢着生命温暖的课堂,是开放的课堂。教室作为有限的空间,无法满足学生展示丰富独特的生命表现形式的更多的需要,它难以避免地使生活过程变得死板、呆滞、程式化和模式化。而学生在学校中的绝大多时间是在教室中度过的。孤立与隔绝的生活,虚假与苍白的生活,畸形与单调的生活,很容易造成学生"八小时痴呆"。让学生带着问题走进教室,带着问题走出教室,走出校园,走向社会,走入丰富多彩的生活,走向更为广阔的世界,就能实现学习与生活的联姻,而不是将课堂与课外生活人为地割裂。

一句话,洋溢着生命温暖的课堂,是飘扬着"人"的旗帜的课堂。对生命的遗忘是教育最大的悲哀,对生命的漠视是教育最大的失职与不幸。生命教育尽管不能解决教育的所有问题,但它能大踏步地提升教育的品质。它力图带给人们的是阳光般的心态,从而让整个教育世界充满温情和仁爱,充满信任和希望。理想中的教育总沐浴着神圣的灵光。我们坚信教育因美好的人性期待而在我们的手中变得更美好。

为了让生命教育的旗帜高高飘扬在学校的上空,我恳请所有的教师努力做到:

(1)不用尖酸刻薄的语言羞辱学生,即使学生的确令人恼怒。

(2)不用轻蔑的眼光打量学生,即使学生的确令人失望。

(3)不体罚和变相体罚学生,即使学生犯了严重的错误;你一定要找到更好的办法惩戒学生,但不是简单粗暴的体罚。

(4)不在学生面前抱怨生活,即使你的确受到了不公正的对待,遭遇了不应有的挫折。

（5）当学生无礼地顶撞你，令你气恼时，你仍能心平气和，从容淡定，理智地对待学生。

（6）当你出现在学生面前时，总是情绪饱满、信心十足，即使你非常疲惫、非常沮丧。

这些要求也许有点强人所难，但的确是优质教育所需要的。如果一个教师能够"把悲伤留给自己"，将阳光洒满课堂，那就是高尚和高贵。

　　我们的语文教学效率低下,恐怕是不争的事实。在我们的国度里能够把话说得精彩,能够把文章写得漂亮的人实在是太少太少了,尽管这也是由很多原因造成的。

　　语文教学究竟应该关注些什么? 这是一个值得深入探讨的问题。语文教科书是通过范文的选编而辑成的,通常是难度相当、主题相同的一组文章组成一个教学单元。比如,北师大版小学五年级下册语文教材第三单元的主题就是《劳动与幸福》。《语文教师教学用书》上是这样写的:"学习本单元,应教育学生树立正确的劳动观念,感悟劳动的真正含义,培养学生的劳动意识。""教学本单元时,要紧紧围绕着劳动这个主题,通过本单元四篇课文的学习,学生应当能理解劳动的含义,再以综合活动教学为契机,进一步加深学生对劳动含义的理解。根据学生的生活实际,教学时可布置一些有关劳动的实践活动。"[①]这一单元中有篇文章就是《幸福在哪里》。那这篇课文的教学关注点应放在什么地方呢? 是让学生理解劳动与幸福的关系吗? 非也。关注点应该放在作者是怎样来写作这篇童话故事的。这并不是

---

　　① 马新国、郑国民主编:《语文教师教学用书》,北京师范大学出版社,2006年,第76页

说,语文教学不要关注学生的情感体验和态度、价值观的形成、改变或完善,而是说这些应该是自然生成而不是刻意为之,是在教学过程中通过潜移默化、润物无声的影响来实现的。

把语文课变成主题班会或思想品德课、科学课,这在当今中小学的课堂,包括一些公开课上是很常见的。语文课需要回归到"语"和"文"上,"语"即规范的、高级的、精致的、优雅的口语表达。"文"即书面表达,而书面表达的最高级的形态就是独立成篇的、有主题、有构思、有剪裁选材,讲究语言风格的"文章"。语文教学的目标当然要包括丰富学生的语言词汇,培养学生良好的语感,形成个性化的语言表达风格。

"文以载道",这是普遍现象。当然,这个"道"可以做很宽泛的理解。任何文章,都必然要表达作者的思想和情怀。语文教学当然要帮助学生去"悟"道、并将"道"内化到自己的精神世界中去,但语文教学更重要的目标是让学生了解、理解作者是如何通过文章来向我们阐发这个"道"的,文章是如何布局谋篇、剪裁选材、起承转合的,文章运用了哪些写作技法? 假如一篇文章直截了当地告诉你一个道理,至少这篇文章的艺术水准不够高,不够有美感,显得生硬,缺乏感染力,从而影响文章的生命力。

一篇文章就像是一座建筑物,结构要服务于功能。一篇文章的结构也需要服务于它所表达的主题。我们没有受到过建筑设计的训练,尽管我们天天和建筑物打交道,可我们画不出建筑设计图。假如语文课堂上不能有意识地让学生了解并理解作者是如何来构思这篇文章的,并打通阅读教学与作文教学之间的关联,那学生作文能力就不能得到很好的培养。为什么会写文章的人很少? 原因之一就在于很少有人会知道从哪里下笔,如何铺陈,如何前后呼应等写作的技法和构思篇章。而不会写文章也就不会善于去进行生活的积累、学识的积累以及思想的丰富和提升。

一篇好文章必然会从某一个角度反映人情物理。语文教学就是要从学生已有的生命体验出发去理解作者是如何来阐发这个"道"的用心，并学会用口头语言和书面语言去表达自己对世界的感受、理解和认识。

语言的背后是思维。想不清楚就说不明白，这对所有的人都是如此。语文教学应该特别重视学生思维能力的培养。学生的思维训练也可以通过口语表达的"听"和"说"来实现。表达的训练归根到底是思维的训练，在思维的流畅性、全面性、深刻性、原创性、敏捷性、精进性(即思维自我监控的品质)等方面进行有计划的训练。所谓训练就是按照合理的行为模式进行必要的反馈和强化。思维是一种内隐的行为，高品质的思维首先是合理的思维程序问题。对一个"概念"下定义，对一个事物的特征进行概括，对事物进行分类(比如人生境界的几个层次)都可以起到训练思维的作用。

比如：童话有什么特点？童话首先是一个故事，这是童话的第一个特征。它是一个怎样的故事呢？童话是充满了幻想、夸张的、虚构出来的一个故事。这是童话的第二个特征。具有这两个特征是不是就一定是童话呢？不一定，像神话也有这两个特征。童话还必须是写给儿童读或讲给儿童听的，是充满童心、童趣、童真的。童话的特征我们概括出来了，那如何给"童话"下定义呢？所谓定义就是要揭示出事物特征，揭示出此事物不同于彼事物的特征。对于"童话"的定义中就要包含上述三个特征，这对小学高年级的学生就是很好的思维训练的话题。

怎样的文章就是好文章？对小学生来说，"学会对文章进行鉴赏"的要求也许有些偏高，但培养学生对整篇文章有意识地整体感悟，感悟作者的写作思路，却是可能的，更是必要的。到了中学，特别到了高中，"学会对文章进行鉴赏"的要求就理所当然了。任何教学都要有一定的挑战性，都要有感召性的目标和任务。这对于充分发掘那些天赋较好的学生的智慧潜能尤有必要。

8 作文教学琐谈

　　作文教学在所有的课程教学中具有重要的地位。这是因为作文教学对于提高学生的阅读兴趣，培养学生对于学问的崇尚，促进学生观察能力、自我反思的能力和思维能力的发展都有着极其重要的价值。对事情能有自己的看法，看法还有一定道理，并能有层次的、措辞精当地表达出来，并不是一件很容易的事情。一般来说，如果一个学生的作文比较好，他日后发展的潜力就会比较大。

　　如何提高作文教学的有效性，涉及诸多问题。诸如，什么样的作文才是优秀的？怎样指导学生写出优秀的文章？如何创设作文教学的课堂氛围？首先不妨讨论一下好文章的标准。不论何种文体的作品，都由这样四个要素组成：主题，素材，结构和语言。因此，我们可以据此提出一篇文章的评价标准。第一，主题光明、高尚、美好。光明，而不是阴暗；高尚，而不是卑下；美好，而不是丑恶。好的文章总是教人求真、向善、臻美，可以化民成俗、纯净世风。第二，素材充实、可信。充实，而不是贫乏和苍白；可信，而不是虚假和荒谬。第三，结构完整，布局合理。这意味着文章构思巧妙，清新明快，既没有虎头蛇尾之弊，也没有旁逸斜出、意多文乱的芜蔓之感。第四，语言明丽、清新、雅致。明丽，而不是晦涩；清新，而不是烦琐；雅致，而不是粗俗。

　　当然，一篇文章的价值是多种多样的。上乘的作品当然是思想新颖、独到、深刻,构思精巧,刻画细腻,生动形象,文辞优美。如《桃花源记》、《醉翁亭记》、《岳阳楼记》。有的文章谈不上什么艺术构思,不过是层次清晰、文从句顺,但它可能提出了一个引人深思的问题,表达了对某一问题自己独到的观点,这样的文章也是有价值的。

写作总要涉及"写什么"和"怎样写"两个问题。前者属于选题,立意;后者属于写作技巧,包括剪裁选材,布局谋篇,起承转合。因此,作文教学就不仅仅是写作技巧的教学,它必然要触及学生的灵魂。那就是,你究竟要表达怎样的思想和情怀。

白居易云:"心,根也。言,苗也。"心为言之根本,立言须先立心。"文必己出"是古往今来的写作原则;崇尚个性,抒写自我,勇于创新,是作文的生命和灵魂。人格境界低下,要么理屈词穷、强词夺理,要么不能够面对真实的自我,文章必然内容空洞,矫情假意。

写作就是参与社会的改造,就是尽自己作为社会一员的责任。所以,作文要说真话、实话、心里话,不说假话、空话、套话。写作者何以能够做到这一点呢?

这首先需要写作者对生活敏锐的感受力、发现力,需要心灵的丰盈、想象的活跃、思想的深刻。"选材要严,开掘要深,不可将一点琐屑的没有意思的事故,便填成一篇,以创作丰富自乐。"[①]"最喜小中能见大,还求弦外有余音"(丰子恺)。作文的秘诀,也许就在此。

叶圣陶先生曾说过:"作文原是生活的一部分,生活就如泉源,文章犹如溪水,泉源丰盈而不枯竭,溪水自然活泼地流个不歇。"为什么我们常常感到一些学生的文章气色苍白,虚情假意? 重要的原因就在于文字的背后缺少敏锐的目光、缺少鲜活

Jiaoshi de shiyi shenghuo yu zhuanye chengzhang

教师的诗意生活与专业成长

---

① 鲁迅:《关于小说题材的通信》,《鲁迅全集》第 4 卷,人民文学出版社 1981年,第 294 页

的思想。因而教师要鼓励学生自己去观察、积累、感悟。"任何孩子都有强烈的创作欲望,这是一种持续的、强大的力量,不断与世界发生着关系,产生出似乎是变化无穷的活动和作品。一种广泛存在的能力:参与世界、成为创造者,这种能力在儿童早期就清晰可见。"①作文并不只是文字的简单堆砌,它还是作者思想的结晶、心灵的写照。鼓励学生自由表达,说真话、实话、心里话,需要帮助学生丰富和提升生活经验,"必有是实,乃有是文"。教师要引导学生作内在的人生反思,帮助学生多角度地观察生活、理解生活、表现生活。否则,学生的作文就容易平庸琐碎、无病呻吟、杯水波澜。正如曹益君先生所指出的:"作文教学也要树魂立根,只有这样,才能写出荡气回肠、令人震撼的作品。"②这样才能真正体现新课程所倡导的"让学生易于动笔,乐于表达,应引导学生关注现实,热爱生活,表达真情实感"。叶圣陶先生在《作文论》中说到:"既然要写出自己的东西,就会连带的要求所写的必须是美好的:假如有所表白,就当时有关人间真情的,则必须合于事理的实际,切乎生活的实况;假若有所感性,这当是不倾吐不舒快的,则必须本于内心的郁积,发乎情性的自然。"从而通过作文来促进学生的全面成长,并在学生的成长与作文之间建立起良性循环。

　　表达什么——表达主题和素材需要积累和提炼——解决以后,接下来需要帮助学生学会布局谋篇。这可通过对范文的仿写来实现。仿写的过程就是很好的写作训练。或许这就是《儒林外史》一书中鲁编修所说的"八股文章若作的好,随你作什么东西,要诗就诗,要赋就赋,都是一鞭一条痕,一掴一掌血;若是八股文章欠讲究,任你做出什么来,都是野狐禅,邪

　　① [美]卡利尼著,张华等译:《让学生强壮起来——关于儿童、学校和标准的不同观点》,高等教育出版社,2005 年,第 17～18 页
　　② 《作文教学断想》,《教育参考》,2006 年 9 月,第 55 页

魔外道"。善于抓住具有典型意义的细节用简练的文字描写景物,勾勒人物形象!

打通阅读教学和作文教学的壁障,在更高的层次上实现读写结合,对于帮助学生学会布局谋篇和掌握写作技巧也十分必要。善于借鉴前人的经验,对写作是大有用处的。元朝学者陈瑞礼用生动的比喻来说明读和写的关系:"读书如销铜,作文如铸器。"他断言:"劳于读书,逸于作文。"在读写活动里长期坚持艺术认知的审美锻炼,会让学生的心灵晶莹剔透,灵光四现。

另外,教师要培养学生修改文章的习惯。好文章是改出来的,这也是写家们共同的经验。文章写好后,过些日子再拿出来看看,改一改。改,就是打磨,润色。文章的修改包括结构的调适,以避免虎头蛇尾,或者拖泥带水,意多文乱;也包括字斟句酌,让文章的语言表达变得珠圆玉润。把文字打理得云淡风轻,那是一种美妙的境界。

在修改文章的过程中,大声朗读也是一个好办法。凡读起来不顺畅,磕磕绊绊的地方准是需要梳理、调适的地方。鲁迅也非常重视朗读。他这样谈到自己的写作:"我做完以后,总要看两遍,自己觉得拗口的,就增添几个字,一定要它读得顺口。"[1]

如何创设作文教学的课堂氛围?有的优秀教师积累了许多宝贵的经验。好的作文教学如同主题学习的教学一样,需要创造一种精神振奋、生气勃勃、畅所欲言的课堂气氛,打开学生的心扉,唤起学生的表达冲动,引导学生敢于表达自己的所见、所思、所感,并逐渐在写作实践中提高感知和分析事物、捕捉灵感、提炼主题的能力。教师可以多布置一些自由命题、自主选材、自行写作的作文任务,为学生发挥其写作天赋,培养写作的兴趣、爱好与特长提供舞台。

---

[1] 《我怎么做起小说来》,《鲁迅全集》第4卷,512页

9 多一点学法指导

学校教育是一种以帮助学生有效地进行学习从而获得理想的发展为己任的人道主义事业。因此，通过讲座、个别辅导或课堂教学给学生多一些学习方法的指导就十分必要。

学习方法其实是一种策略性知识（相对于陈述性知识和程序性知识），是智力技能的重要组成部分。对学生来说，"学会"比学到了什么更重要，对其终身发展更有价值。我们不难发现，学业成绩优异的学生都善于总结、提升自己的学习经验。当然，"学会学习"离不开对具体知识的学习过程，但又不是在对具体知识的学习过程中学生一定会自然而然地"学会学习"，这其中还是有一个教师自觉作出努力的空间。

由于不同学科的知识类型的差异，其学习方法也不尽相同。语文、政治（思品）、历史等学科的学习，更多的要强调感悟、诠释、语言加工，特别是强调对一些事实、命题的记诵。许多人都有一个认识误区：将牢固的记忆简单地等同于死记硬背。我想首先要强调的是，记忆力同感悟力、观摩力、想象力、思考力一样，是一种重要的认知能力，它同样需要得到发展。尽管今天电脑和信息技术高度发展，但在人脑中储存一些信息对于思想的创生仍是十分必要的。真正深刻地发现、顿悟，需要沉思冥想，需要摆脱当前刺激物的局限而能够心游万仞。对任何个人来说，思想就需要思想资源。只有在思想者的头脑中可以有效地提取必要的信息时，有价值的思想过程才能得以进行。

几乎所有学问修养深厚的人一定有过人的记忆力，也必定有一套有效的记忆方法。记忆是需要付出意志努力的，但并不一定就是死记硬背。除了努力发现学习材料内在的逻辑关联外，还有很多提高记忆效果的方法。比如经常采用"试图回忆"。所谓"试图回忆"是指在开始复习一个材料时，先试图回忆背诵而不去看材料的记忆方法。心理学实验表明：复习时背诵的时间应多于阅读的时间。一般背诵与阅读时间的比例为8：2时记忆效果最好。通过背诵可以检查出哪些地方记住了，哪些地方还没记住，哪些地方记得不准确。对于已记住的，就不必多花力气；没有记住或记得不准的，可以注意多读几遍。

外语学习中词汇和句型的积累就很重要，这也离不开熟记。我的经验是首先要区分哪些单词需要达到能用于写作，哪些只需达到可供阅读（即再认的水平）。如果所有的单词都要达到熟记，学业负担就会太重，也不利于扩大阅读量，从而不利于整体的学业进步。其次，在单词的记忆过程中多查字典。查字典的过程也就是信息编码的过程，重要的是，查字典有助于发现单词构成规律和一个词的多义，比如，"second"就有"秒"、"第二"、"赞成"、"支持"等含义。当你遇到一个生词时，你去查字典并作标识；也许过一段时间你又遇到它，但你忘了；你查字典时才发现你曾查过，可忘了，这时你会获得来自你内部的"强刺激"。这个"强刺激"有助于你获得更好的记忆效果。单词的记忆最好是根据音节、词根和拼写规律来进行，而不是机械地重复拼写。

确切而牢固地掌握概念，准确掌握公式符号中符号的指代意义，以及符号之间的关系，是学好数理化等学科的关键。不要盲目地大量做题，而要首先分析这道题究竟要检测你掌握了什么，即解题所必须依据的原理。一些设计精妙、精巧的题及其解题思路可以经常回顾一下，对于牢固掌握解题思路——实际上是解决问题的智力技能会很有帮助。

比如,在数学的学习中,排列和组合是学生容易混淆的两个概念。排列,即由 m 个不同的元素中取出 $n(n \leq m)$ 个,按一定的顺序排成一列,叫做由 m 中取 n 的排列,排列数记作 An/m,公式是 $An/m = m(m-1)(m-2)\cdots(m-n+1)$。而组合是由 m 个不同的元素中取出 n 个并成一组,不论次序,其中每组所含成分至少有一个不同,所得到的结果叫做由 m 中取 n 个的组合,组合数用 Cn/m 来表示,公式是 $C2n/m = m(m-1)(m-2)\cdots(m-n+1)/1 \times 2 \times 3 \times \cdots \times n$,为了帮助学生理解,而避免对这两个概念的混淆,可以鼓励学生用自己的话来表达:比如说,从某种意义上,排列比组合更高级更复杂,当 m 和 n 的值一定时,排列的结果大于组合的结果。

学习任何一门课程,及时复习都很重要。这就需要学生制定好学习计划,经常性的复习;刚学过的内容,复习时可能要多花点时间,但随时间的推移,仍需要经常复习,但可以越来越快速。遗忘,对任何人来说都是正常的心理现象。当遗忘发生时,不要过度焦虑,不要自怨自艾,要坦然接受,保持乐观和积极的心态。如果因为遗忘而怀疑自己并进而认定自己记性不好,记忆力在衰退,这等于在给自己消极的心理暗示,久而久之,真的会导致记忆力的衰退。愉快、乐观的心情,会使我们对事物易于感受,从而有更好的学习效率。

学习的浪费是人生最可惜、最大而又最不易为人们所觉察的一种浪费。教会学生学习,对于减少学习困难、学业失败等"教育荒废"问题有着重要的价值。因此,教会学生学习,不是教师分外的事,而应该是教学目标的重要组成部分。我们不少中小学老师自己就不太会学习,当然也就不善于指导学生掌握学习方法。我真诚地建议老师们认真地钻研一下学习方法,并在日常的教学中自觉地引导学生掌握丰富的、有效的学习方法,并养成良好的学习习惯。

讲解是教师运用说明、分析、归纳（概括）、论证、阐释等手段讲授学习内容的教学方法，是课堂教学中教师作为学生知识建构的促进者的最重要的体现形式之一。在任何课程的教学之中，教师的讲解都是必不可少的。难怪人们会常说：某某老师的课"讲"得好，某某老师的课"讲"得一塌糊涂。可见，讲解在课堂教学中的重要地位。

教师的讲解可能是对一段文字的解读，可能是对一个概念的定义，可能是对一个科学原则的阐释，也可能是对一个历史事件前因后果的描述，还可能是对一个公式内涵的说明，对一个操作规程的指令，或是对一个问题的揭示。

讲解给了学生通过"听"来获取信息、进行学习的机会。教师的讲解可以帮助学生释疑，可以帮助学生加深记忆，可以帮助学生形成动作图式从而促进学生技能的形成，可以促进学生发现学习材料的内在逻辑联系从而加深理解。新的课程改革，强调推行自主学习、合作学习、探究学习等新的学习方式，我认为是非常必要的。可是相当多的人，对"自主学习"等做了望文生义的理解，将"自主学习"理解为学生独自的学习，等同于学生的"自学"，将"自主学习"与"接受学习"对立起来，因而避讳甚至否弃课堂讲解。其实，自主学习是指学生在学习过程中能够

"自我导向、自我激励和自我监控"的这样一种高品质。接受学习是与"探究学习"或"发现学习"相对的概念,而不是与"自主学习"相对的概念。

讲解,在教学法分类上称之为"讲授法",其优点在于信息量大,时间的经济和表达抽象观念的便利。千百年来,人类积累了大量的知识财富,而一个人受教育的时间总是有限的。要将学生带到人类认识的前沿,教师系统的讲解就不可或缺。如果一切都要学生亲身体验、亲自探索,既不必要,也不可能。其不足是偏重教师的活动,容易导致"满堂灌"。在这里,我想特别强调:系统讲解并不等于"满堂灌",尽管的确容易导致机械灌输。为了克服其不足,教师在讲解时要努力做到简洁、明快,并注重要求学生复述,鼓励学生用自己的话来整理、加工教师讲解的内容。

讲解,是"讲"和"解",是推论、演绎、阐释、揭示,通过讲解要帮助学生发现超越给定的信息,生成新的信息,即能发现字里行间的"意义",那些隐含的信息,而不是照本宣科地"念"或有口无心地"说"。

教师的讲解应该条理清晰、详略得当、要言不烦、语调和音量富于变化、措辞精当、表达流畅而舒展,应该努力避免面面俱到、不得要领,或者平铺直叙、拖泥带水,更应该避免颠三倒四、语无伦次。

只有当教师对需要讲解的内容了如指掌、烂熟于心时,讲解才可能精练、精当。只有当教师真正了解学生可能在认识上存在的误区或疑惑时,讲解才能切中肯綮,一语中的。

教师的讲解要语速适当。语速过快,学生没有思考的时间,不易理解消化,甚至反应不过来;速度过慢,则容易倦怠,导致注意力涣散。在讲解重要问题时,教师要稍作停顿,给学生思考或记笔记的时间。总之,教师的"教"要服务于学生的"学",以学生学习的需要来决定教师讲什么、讲多少、何时讲和怎么讲。

  山东省高密市曙光中学任得宝老师说得好："文字平铺在纸上，既无色彩又无动感，可是经过老师的一读一点，文字便从纸上立了起来，学生便看到了生活的本来样子：花儿开了，人物活了，海中涌动着波涛，风里鼓荡着清香。"好的讲解，严谨而不乏机趣，庄重而不乏诙谐，让人如沐春风，如饮甘露，让人感受到"语言之妙，妙不可言"。教师的讲解不必口若悬河、滔滔不绝，但一定要表达完整，入心入耳；也不必字字珠玑、语惊四座，但一定要凝练准确，经得起推敲，真正做到"有实事求是之心，而无哗众取宠之意"。老师，您的讲解如何？！

第 六 辑

我的教学主张

1 我的教学主张

　　教学是学校教育服务于学生成长的最主要的途径和最中心的工作。我们的日常教学究竟为了什么？什么样的教学才是高品质的教学？这是业内人士关注的核心问题。我基于个人的学习、思考与实践，逐渐形成了对于教学的理解与追求，在此愿与大家分享。

　　首先，教学必须服务于完整的人的成全。完整的人，相对的是片面的人、畸形的人、精神世界残缺不全的人。完整的人的发展包括个人与"天、人、物、我"四个向度上的认知、情感、态度和技能的和谐发展。我们的每一门课程、每一个学习主题都有自己具体的教学目标，而教学的任何一个环节，要达到的任何一个具体目标，都应自觉地朝向这个教学的终极目标——完整的人的发展，并且使任何一个教学活动与教学环节，都能作为通向这个终极目标的步骤而存在。教学的真正目的是通过提高个人选择和自我指导的能力来最大限度地促使自我发展——成长为一个完整的人，作为教师在教学过程中应该始终怀想着这个大目标。

　　其次，创造丰富的课堂，带给学生广博深厚的文化浸染。教学的真正目的在于促进个人成长和自我实现，而不单纯是掌握教科书上的知识。一个丰富的课堂才能带给学生心灵的自由飞翔,才能唤起学生创造的冲动,才能激发学生分享的内在需要。创造一个丰富的课堂,让学生的心灵在博大、温暖的精神氛围中自由地跳荡。而要创造丰富的课堂,教师的学识修养和想象力就变得非常重要。

第三,教学重要的是教学生学会学,并且帮助学生形成认知框架。在教学中,为了便于学生学习,我们的学科知识不得不被分成条块,变成细小的局部。学生的成长也是依靠这样的小步骤一点点积累的。但是,不清楚每一个小步骤在学科思想长河中的位置,不了解它们之间的逻辑关联,不了解它们在主要领域里的意义,任凭教师如何重复讲解,学生如何苦苦训练,也只能是事倍功半。简单地重复正确的结论,并不能使学生更好地理解某一概念或原理。如果真正的学习没有发生,教师教得再辛苦,也是无效的。真正的学习意味着经验的重新组织与重新解释,这就包括先前经验的激活、引发新的认知冲突,信息的搜集、选择与加工,最后形成开放性的认知框架——概念系统和命题网络。

所谓命题网络就是指如果两个命题中具有共同成分,通过这种共同成分,可以把若干命题彼此联系组成命题网络。"教育是既见树木又见森林的过程。"我们既可以把森林理解为"上位概念",把树木理解为"下位概念",也可以把"见森林"理解为智力生活的背景和整体把握,把"见树木"理解为细处摄神和结合个体经验的理解。

在教学中,教师帮助学生形成认识事物的整体观是必要的。黑格尔在美学讲演录中通过典型例子精湛地表达了他的整体观:"割下来的手就失去了它的独立的存在,就不像原来长在身体上时那样,它的灵活性、运动、形状、颜色等都改变了……只有作为有机体的一部分，手才获得它的地位。"①在教学中应该将学习的内容升华到更大的思考主题，并形成理解框架和概念网络。所以，在学习过程中，既需要深入细节、解剖麻雀，又需要"会当凌绝顶，一览众山小"。布鲁纳认为，儿童的学习，主要是掌握学科知识的基本结构；教师的教学，主要是促进儿童认知能力的发展；衡量教与学的有效性的标准，是看儿童动作的、映象的和符号的认知结构是否有序地得到发展。这些观点都是值得我们重视的。

第四，教学必须为学生的发展提供机会。好的教学要让学生在课堂上有展示自我、发现自我、发展自我的机会。因为，只有展示自我才有发现的优势和不足，只有发现自我，才能更加深入和全面地认识自我，进而才能发展自我。个体的潜能和资质就是在这一过程中凸现、彰显并丰富和发展出来的。

学习远远不只存在于认知活动中，也广泛存在于交往活动与审美活动之中。学习的结果不仅包括知识的建构，还包括态度、价值观的改变或深化，情感的丰富和体验的深刻，技能的形成或巩固，认知策略的高级和完善。教学不是为了教师的表演和个人魅力的展示（尽管不露行迹的个人魅力的展示有着重要的教育价值），教学是为了促进学生的发展。为此，要努力为学生的成长与发展提供机会，要创造氛围与情境，让学生具有深度地参与，从而为学生展示自我、发现自我和发展自我提供足够的时间和空间。教师讲得越多、越细，越有可能封闭学生的思想空间，并造成学生对教师的依赖。况且，如果教学方式单一，刺激单调，就会导致学生注意力不集中，导致心理疲劳，进而导致学习效果的下降。

第五，带给学生理智的挑战，以问题引导教学的进程，通过

①　黑格尔：《美学》第1卷，商务印书馆，1994年版第156页

问题的解决而进行学习。教师要善于营造真实的问题情境，以问题引导教学，让学生在解决问题中学习，通过问题的解决，掌握问题解决所依据的原理和所必需的材料。问题必须是真实的，即能够与学生的已有的经验产生冲突；问题必须是具有理智的挑战性并通过努力有可能作出尝试性的解答的。

教学应该创设一个合适的问题空间，以便对学生的理智能力构成挑战；教师应该自觉地培养学生对证据、逻辑和结论提出理性的怀疑的习惯，并基于证据来形成解释。

最后，重要的是理解的质，而不是信息的量。人们对于事物的理解，有不同的层次。深层次的理解，必须充分展开高层次的思维过程，即复杂的概括和推理的过程。到了小学高年级以后，着力发展学生的思辨力，特别应该将发展学生开放性的、创造性的思维能力作为教学的重心。对于学习的重点和难点，应该通过对话和讨论让学生真正地理解，而不是似懂非懂。新的学习内容能够真正地纳入学生的认知结构，并能够灵活运用，教学才能真正地促进学生的发展。

2 　知识观与教学

在中国教育界，"转变观念"喊了很多年了，为什么还在喊？原因是多方面的。一是观念转变是一个长期的过程，因为随着人们认识的深化，观念本身也是在不断变化的，不可能一劳永逸，所以"转变观念"就是一个常议常新的事情；二是我们的理论不彻底，停留在一般的口号上，理论不彻底就难以带给人们确信感，实现由知到信的提升。为了促进教学领域的"转变观念"，我们需要对究竟什么是知识有一个充分的讨论。

"知识"一词，有多层能指，在不同的语境中有不同的内涵。所谓知识观，就是我们如何看待知识，对知识具有怎样的性质、又具有怎样的功能的观念和认识。知识观是我们认识教学目标、教学过程以及教学的意义和价值的观念基础。教学中究竟应不应该强调知识？当前是否存在轻视知识掌握的倾向？诸如此类的问题，如果不对知识观本身作一个充分的探讨，那么，对于这些问题的认识就很难深化并形成基本的共识。

知识按照其所属的主体，可以分为公共知识和个体知识。公共知识是人们认识成果的社会承认，对于某一问题的认识社会成员之间已经达成的共识。

知识是观念形态的，是人们"交互主体性"的产物，一个人所作出的命名（或命题），只有在交往中，为其他人广泛的接纳和认可，它才有可能成为公共知识。公共知识的表征形态包括专门术语、概念、具体事实、公式、常规、方法、方法论和各种原理的陈述，即命题。公共知识我们也可以理解为种族经验。

"公共知识是建构的产物"这一命题的衍生意义就在于：以事实、概念、命题、公式、定理等等为表征形态的公共知识，并不是天经地义的，它不过是人们按照某一规则约定俗成的结果。

另外，区分知识的另外一对范畴是显性知识和默会知识（tacit knowledge，又译缄默知识、隐性知识）。所谓显性知识是可以用语言文字或数字符号明确地表达出来的事实和意义，而默会知识是"只能意会难以言传"的体验、直觉、动作技能与心智技能。

我们以往在对知识的认识上，存在着这样两个突出的局限和不足：一是"知识"就等同于公共知识，造成了个体知识的缺席；二是"知识"就等同显性知识，造成了默会知识的缺席。这是我们的教学中不重视学生的参与、活动、体验、交往等等建构知识的必要元素的观念上的原因。只强调对于书本上学习内容的掌握——熟悉、理解、记忆，因而不利于实现公共知识向智慧的转变。

强调"知识传授"的教学观是建立在如下的世界观和知识观基础上的：世界是物质的，物质是客观存在的，客观存在的物质是运动着的，运动是有规律的，规律是可以被认识的；客观存在的物质运动的规律也是客观的，因而作为认识的成果"知识"也就是客观的，将客观的知识教给学生，就可以得到一个客观的结果，因而也可以用标准化的考试做一个"客观"的检测。

对于什么是"知识"的理解,决定着我们怎样理解教学的目标、教学过程和对于教学成果的评价,进而影响着我们的教学策略和教学行为。只有当我们将对知识的理解不局限于公共知识,而能够将个体知识——自主建构的成果放入我们的视野时,我们才能真正地关注学生对于教学的参与,重视教学中的交往和对话,才能真正实现有效的教学。这就是当前的课程改革重视过程和方法的理由,也是在更高层次上重视知识的体现。

教学是教师和学生的交往和对话,是师生双方相互交流、相互沟通、相互启发、相互补充。在这个过程中教师与学生分享彼此的经验和认识,交流彼此的情感、体验,拓展彼此的视界,求得新的发现,实现教学相长和共同发展。对教学而言,交往意味着平等对话,意味着社会性的意义建构,它不仅是一种认识活动,更是一种人与人之间平等的精神交流。对学生而言,交往意味着主体性的凸显、个性的表现和创造性的解放。对教师而言,交往是一起分享理解,是生命活动、专业成长和自我实现的过程。可以说,这种教学过程是走向解放的课堂教学规范的精神所在。它不仅不是轻视知识,而是在更合理、更有价值的层面上重视学生真正地获得知识,使书本知识真正转化为学生内在的精神财富。而相反,学生在课堂上低水平的简单接受,胡乱的猜测和没有经过充分思考的、琐碎、呆板的回答,学生对于问题的理解缺乏原创性和想象力,是无助于学生真正地掌握知识的。而这些现象,都与将知识视为已有的现成结论,将教学过程简单地视为单纯的认识过程有关。

让学生掌握"公共知识"既不是教学的唯一目的,也不是教学的最终目的。"公共知识"只是一种载体,掌握"公共知识",其根本目的是促进学生的发展,使学生成为认知的主体、道德的主体、审美的主体、自由与责任的主体,使学生获得精神的自由和解放。而学生对于公共知识的掌握,需要一个咀嚼、玩味、吟咏、体察、如切如磋、如琢如磨、掩卷沉思、反复推敲、探幽察微的过程。况且,我们只能通过知识的建构来发展智慧能力,而这个建构过程在很大程度上取决于情境、氛围和人际互动,那么,强调情境的创设,强调学习的支持性的心理氛围的营造就十分必要。

3　数学的魅力

　　我们所生活的世界,包括我们人类自身,无非是质与量两个方面。所谓"质",表现为好坏、优劣、善恶、美丑等等;而所谓"量"则表现为长短、粗细、大小、厚薄、轻重、形状以及数量之间的关系等等。数学就是从量的角度把握和解释世界的一种努力,所以数学是一种思想、一种解释世界的方式、一种精密的语言系统。数学是对现实世界的数量关系和空间形式的概括和反映。

　　"数学,作为人类思维的表达形式,反映了人们积极进取的意志、缜密周详的推理,以及对完美境界的追求。"①正如美国数学史家 M. 克莱因所说的那样,"任何时候,谁想找一个推理的必然性和准确性的例子,一定会想到数学"②。他还曾对数学做过这样的描述:"音乐能激发或抚慰情怀,绘画使人赏心悦目,诗歌能动人心弦,哲学使人获得智慧,但数学却能提供以上的一切,给人快乐。"

　　数学依靠的是两样东西:逻辑与创造。而人们对数学的追

---

① 　R. 柯朗等:《数学是什么》,湖南教育出版社,1985 年版,第 5 页
② 　M. 克莱因:《数学:确定性的丧失》,李宏魁译,湖南科学技术出版社,1997年版,第 2 页

求则有两个目的：各种实用的目的以及数学的内在趣味。对于一些人，这不仅仅指职业数学家，数学的精髓在于它的美妙和它对于智力的挑战。"数学是最聪明人之间的较量，因此非常具有挑战性，同时，数学的美丽使研究数学成为一种乐趣。"这就是菲尔兹奖得主、美国数学家符拉基米尔·福沃特斯对常人眼中枯燥的数学的认识。当然对于另一些人，包括许多科学家和工程师，数学的首要价值是它能够被应用于他们的工作之中。

数学语言是表达数学思想的慎重的、有意的而且经常是精心设计的专门语言，具有抽象性、准确性、简约性和形式化等特点。加强数学语言教学对提高数学阅读能力、数学表达以及交流能力具有重要作用。数学语言分为符号语言、文字语言和图表语言，三类语言之间的相互转换在数学语言学习中占有重要地位。

社会建构主义数学哲学将主观知识和客观知识看成是相互维护和相互依存的。关于数学知识的社会建构性质，欧内斯特提出了以下三点根据：①数学知识的基础是语言知识、约定和规则，而语言知识是一种社会建构；②个人的主观数学知识经发表后转化为客观数学知识，这需要社会性的交往与交流；③客观性本身应该理解为社会性的认同。① "整个数学知识是由证明予以保证的，其基础和可靠性则依赖于语言知识和规则。"（同上，第 66 页）

数学是科学的主要术语。数学和科学具有许多共性，包括都具有对可以理解的规划的信念，想象力和严格逻辑的相互影响，诚实与公开的思想，同行评论的极端重要性。17 世纪以来

① Paul Ernest：《数学教育哲学》，齐建华、张松枝译，上海教育出版社，1998 年版，第 51~52 页

数学的发展清楚地表明,社会生产推动自然科学的发展,自然科学又推动数学的发展,并为数学发现提供灵感。美国数学家克莱因下面的论述充分说明了这一点:"对自然的深入研究是数学发现最丰富的源泉。"[①]"数学是科学的王后,同时也是它们的女佣。"(同上,第286页)

作为人类智慧的伟大结晶,数学受到了普遍的尊敬和推崇。在《高中数学课程标准》中提到:"数学作为人类文化的重要组成部分,构成了公民所必须具备的一种基本素质。数学科学历来是自然科学和社会科学的基础……越来越广泛的数学应用,正在不断地渗入社会生活的方方面面。……高度发展的数学思维成为人类社会进步的重要标志。"

数学有着极其重要的教育价值。数学是训练客观且精确的判断力的基本因素之一,数学尤其需要积极的思维活动及对结果的验证,而这会对其他学科的学习(在智力上和道德上)产生影响。数学的奥妙不在于发现它的完美和复杂,相反在于找到最经济和简单的表述和论证。因为数学在现代文化中扮演着中心的角色,所以对数学性质的基本了解成为科学素养的需要。要做到这一点,学生需要将数学视为科学活动的一部分,了解数学思维的本质,并熟悉重要的数学概念和技巧。

作为一门理论学科,数学探索抽象概念之间的关系,并不考虑这些抽象在现实世界是否存在对应的本物。心理学研究表明,一切智力的核心在于思维。儿童数学能力的发展应该包括认知、计算、思维三个方面,而不能简单地将计算等同于数学。有学者富有见地地指出:珠算、心算对于提高儿童的计

---

① M. 克莱因:《数学:确定性的丧失》,李宏魁译,湖南科学技术出版社,1997年版,第293页

算能力的确有很好的促进作用,但对儿童思维发展的贡献却十分有限。

国际数学教育界就数学教学的目的有了基本的共识:数学教学的目的就在于帮助学生形成行动上的逻辑程序(思考、分析、抽象、简明、计划、演绎、推理、普遍化、具体化、应用、评判等),形成合理的思想及其提升表达的质量,做到富有条理、严谨、精确、明了、简洁等;引起观察,形成空间和数目的概念;培养抽象领域里的直觉和想象、注意和关注的能力、坚持不懈的努力的习惯,最后形成诸如客观、诚实、深刻和稳定的研究兴趣等科学素养。这是作为一个现代人所受教育的一个基础部分,哪怕他今后从事非科学或非技术性的工作。

如何发展学生的数学能力,进行有效的教学? 荷兰数学教育家弗赖塔尔认为:学习数学的唯一正确方法是实行"再创造",也就是由学生本人把要学的东西自己去发现或创造出来。

国际数学教育专家在一份数学教育指导性的文件中提出了如下意见:引导学生自己形成思想,发现数学的关系和性质,而不是把承认成熟的思维强加给他们;更注意思维和推理而不是机械训练和死记硬背,限制死记一些固定的基本结论;强调数学内在的统一性;就数学思想和正在学习的理论的主要历史发展阶段作出说明;保持数学与应用数学的科学之间的合作;贯彻数学思维的要求,增加语言的精确度、语言的清晰度和简明性。

我国正在进行的基础教育课程改革对数学也提出了如下教学指导思想:①以学生发展为本,把学习的主动权交给学生,让学生自主探索,主动积极地获取知识,使学生人人在原有基础上有所收获,有成功感,得到和谐的发展。①确立关于学生和教师的观念:每一个学生都可以学习数学;不同的学生学习不同水平的数学;允许学生以不同的速度学习数学;学生可以用自己的方法学习数学。教师是课程实施过程中的决策者,是教学过程中的组织者、指导者和参与者。①教学中要激发学生学习数学的兴趣,要为学生提供丰富多彩的情景,要为学生留有探索与思考的余地,倡导合作交流的课程气氛。

数学知识源于生活,但并不等于它是生活本身的摹本,它是对生活中的数量关系与空间形式的提炼,因此,它高于生活、概括生活,具有高度的抽象性。在教学中,联系学生的生活经验,接通生活的源头活水,就会使原本枯燥单调的理论变得鲜活生动起来。比如初中数学中的"一次函数的表达式"为:$y = kx + b$。这些符号之间是怎样的一种关系呢?这个表达式能够描述和解释怎样的现象和事实?我们假定 y 这个因变量代表一个餐厅服务员一个月的薪水,x 代表餐厅一个月的营业额(或一个服务员通过其服务所带来的营业额),k 代表从营业额中提成的比例,b 也是一个常量,代表基本工资,或称之为底薪。也就是说,餐厅服务员一个月的收入等于底薪加营业额按一定比例的提成。

这就是一个比较合理的、双赢的雇主和雇员之间的关系:作为餐厅的服务员,如果你能以自己优质的服务,赢得更多的回头客,你的收入也会更多;即使由于其他的原因,餐厅的营业额不佳,对于服务员来说,至少还有基本工资。这样学生不仅能够很好地理解这个表达式的意念,也能真切地感受到数学学习对于生活的意义。如果我们这样联系生活,学生就能感受到数字的意义,就能发现数学尽管十分抽象,其实它是源于生活。联系生活,也能培养学生生活的智慧,当他今后成为一个经营者,或者是就业者时,就知道怎样去处理类似的问题。而当学生感受到学习的意义时,学习就会是快乐的,也就是更有效的。在课堂中,与学生密切相连的生活事例,对学生而言,有一种特别的亲和力,它能够拉近学生与数学的距离。

数学解题是学生应用知识、解决问题的过程，也是学习的巩固和知识迁移的过程。学会解题是学习成果的重要体现。著名数学家波利亚在《怎样解题》中对数学解题划分为四个阶段：弄清问题→拟定计划→实现计划→回顾。其中"回顾"就是解题后的反思，它是解题思维过程中的深化和提高。解题过程的反思，实际是解题学习的信息反馈调控阶段，通过反思，有利于学生知识体系的深层次建构。

4 "教什么"和"怎么教"

教学是人类诸多复杂、重要的事务之一,因为教学过程中涉及许多的变量。教学不单纯是一系列的操作行为,这背后更重要的是整个人的精神活动。把教学降格为一种技术,是对教育理解的狭隘和肤浅的最突出的表现,也是教育中可能犯的最大错误之一。

课堂教学,核心要素是学习内容与教学方法。在"教什么"和"怎么教"哪一个更重要的问题上,我的意见是要看我们追求什么。如果是在追求教育的价值旨趣上,"教什么"比"怎么教"更重要。因为,在具体的学习内容背后,特别是人文类的课程,总是承载着(有时是隐含着)我们所崇尚、所倡导的价值观。比如我们今天中小学教育内容中仍然存在着"爱国的自大"、"虚假的民族自豪感"、丑化西方资本主义、对个体生命意识重视不够、公民教育的思想缺失等弊端。而这些弊端极大程度上影响着幸福人生的创造者和自由社会的建设者的培养,却没有引起人们,特别是中小学广大教师的重视。

从关注教学效率的角度讲,"怎么教"自然比"教什么"更重要。"怎么教"更多地关涉学生课堂的参与程度、学生学习过程中的自主程度、学生知识建构的水平。比如说,直观教学就是解决怎么教的问题。所谓直观教学,不仅是凭借书面文字学习符合特定目的的内容,而且凭借实物,通过儿童自身的感受去学习,从儿童可以体验到的自然和社会环境中选择教学的内容。

其实,"怎么教"更涉及到我们有什么样的儿童观和我们究竟要培养什么样的人。在今天,国民的创造力已经越来越成为一个国家核心竞争力的关键因素,而这正是我们的弱势。学校教育中导致学生创造力缺乏的原因究竟在哪里呢?概括地说,原因恐怕就在于学生自信心、生活激情的下降,批判求异精神的匮乏,创新视野的限制,情感体验单一、苍白,缺乏对知识自主选择的机会和知识结构的失衡,过度焦虑,缺乏创造思维应有的放松心态,过度的竞争压力导致人际关系紧张,缺乏交往中的智慧碰撞,还有"标准答案"的"唯一性",也是束缚学生发散思维,扼杀创造性的。

正如许多学者所提及到的中国教育模式的诸多弱点,如重共性、轻个性,重服从、轻民主,重主宰、轻主体,重结果、轻过程,重灌输、轻探索,重逻辑、轻形象等,严重破坏了青少年的学习兴趣和求知欲,磨灭了好奇心和创造性,致使思维钝化,想象力缺乏,丧失问题意识。当然,这背后有一个更为复杂的教育和文化的问题。

"教什么"和"怎么教"是密切地联系在一起的。比如说,良好的教育内容一个重要的特征是与学生的生活经验有一定的关联。没有一定的直接经验,间接经验(书本知识)就难以理解和掌握。对此,陶行知先生有过一个精辟的比喻:"接知如接枝。"他说:"我们要有自己的经验做根,以这经验所发生的知识做枝,然后别人的知识方才可以接得上去,别人的知识方才成为我们知识的一个有机体部分。"[1]对此,"怎么教"也要求作出努力来激活、丰富和提升学生的直接经验。直接经验对于每一个人

---

① 陶行知:《中国教育改造》,东方出版社,1996年第1版,第124页

的意义是不同的。有效教学是我们积极寻求、改变直接经验意义的活动。

教育是价值引导与自主建构相统一的过程。在价值引导上,"教什么"显然起着更重要的作用;而在学生的"自主建构"上,"怎么教"就更重要。

课堂教学,不仅应该是有效率的,也应该是有灵魂的。效率更多地取决于"怎么教",灵魂更多地取决于"教什么"。而"教什么"和"怎么教"都取决于我们究竟要培养什么样的人。这是教育的方向问题,也是教育的根本问题。良好的教育应该是正确的方向与有效的方法的统一。

中小学教师普遍缺乏的是对教学内容的批判性理解,把教科书上的内容视为不容置疑的现象是普遍存在的,这当然有一个原因是考试指挥棒在起作用,但我们广大中小学教师缺乏自觉的社会文化的价值追求、缺乏现代民主政治意识也是一个重要原因。

5 一堂课中的必要环节

在一些公开课上,我们经常能看到非常丰富的活动,非常的热闹。但更多的是蜻蜓点水,走过场。活动不深入,没有做实,并且对活动也缺乏必要的总结与提升。对此有一个很好的比喻是:只重挖坑,而不重掘井。因而一节课上学生的收获也就寥寥无几或者很肤浅。

我们通常说的一节课,30 分钟、40 分钟或 45 分钟,根据其任务与目的的不同,可分为不同的类型,比如主题学习的课、综合练习课、复习课等等。作为"主题学习的课"(过去的《教育学》教科书上称之为"新授课",即"传授新知识的课"),在一堂课内,有一些必要的环节,是让学生很好地领会和掌握学习内容所必需的。教学是朝向一个特定目标所进行的努力的系列行为。所谓教学环节,就是既相互独立又相互连结的一组教学行为。

其一是学习意义的明了。学习一个主题,它对于我们理解把握世界有何帮助,知晓、明了这一点,对于学生学习动机的激发是不可或缺的。我上初中时,就不明白为什么要学正余弦定理,后来才明白是为了解决三角形角与边的关系问题。明白这一点对于理解正余弦定理就很必要。任何一个学习者,如果在学习过程中不能获得成就感,或者怀疑所学知识的价值,就会很容易失去学习的兴趣以及主动性。学生们必须在真实的学习情境中学会自律以及负起责任。而真实的学习情境首要的就是明确目标与任务,以及学生非常明确完成任务、达到目标的意义。

其二是反馈与强化。由于学生的知识背景与我们教师的知识背景存在比较大的差异,我们觉得很简单的推理、很明确的逻辑联系,对学生来说,特别是对于少数处于特殊情况的学生来说,很可能一头雾水、十分茫然。这就需要我们能以对话的方式探明学生学习的真实情况,建立起师生之间的信息反馈的渠道,在一些关键点上予以强化。最有效的策略是鼓励学生复述,即用自己的语言来明确表达。

魏书生老师在他的报告中说,他把一节课的任务分配给不同的学生,然后就什么都不做了。我想魏老师的成功非常重要的一点是发挥了学生的主动性,学生有明确的任务驱动,不依赖老师,真正经历了自主探索的过程,因而学生获得了比较好的发展。但如果老师在对一些复杂问题的理解上给与学生一些点拨、一些启发,学生是不是会发展得更好呢? 好总是相对的,在任何时候我们都仍然有努力的空间。

其三是课堂讨论。课堂讨论在西方的教学中,特别是大学教学中普遍采用的教学方法,以至成为教学的一个环节。教学中教师的思想高度是通过教师引导并参与学生的讨论来体现的,讨论可以澄清思绪,可以让学生学会倾听,学会有条理地表达,学会阐明和维护自己的观点,学会从别人的观点和证据中吸取有价值的东西修正和完善自己的观点和论述。

在课堂讨论中,教师要特别注意发现和捕获学生思想的火花,给予更多的鼓励和欣赏,并引导他们完善推理和论证的高级思维过程。教师的职责就是帮助学生揭示积极地合作、相互尊重的氛围之下的意见歧异;不埋没任何一个人,提供一道学习、一道成长的环境；引导学生能够共鸣地接纳一切意见，勇于表述自己的观点；学生将现实生活中直面的问题引进教室也无关紧要，有时还值得鼓励和欣赏。切记不要羞辱和耻笑学生观点的荒谬和论证的粗疏，羞辱和耻笑将会使学生变得退缩和怯懦，进而压抑求异思维的冲动，摧毁创造性思维的幼芽。

最后是回顾和分享。当一个主题的学习结束以后，教师应该停下来问一问学生有什么需要质疑的，有什么需要修正、补充和丰富的。对学生说："我是不是表达清楚了？""还有什么需要进一步澄清的？"而不是对学生说："你们听明白了没有？""你们还有什么不理解的？"前者表明的是教师对于自己"教"的责任承担；而后者表明的是学生学会了还是没学会，责任在学生。

好的教学是一个精神漫游的过程，正如登山，只有当我们最终登上山巅，俯瞰登山时所走过的路时，我们才会有一种了然于胸的感觉。这时的回顾和分享，其实也就是及时复习。及时复习对于巩固所"学"的知识有着极其重要的价值。在今天，知识学得巩固仍然是必要的，因为只有学得巩固，才能比较好地迁移，才能转化为学生的实际能力。

一门课程的知识是一个大的网络、大的系统，犹如一个链条，如果这个网络哪里出现了断裂，就不容易做到"纲举目张"、以简驭繁。如果学生头脑中的知识是缺乏内在的意义关联的、零星的、杂乱无章的，那么，这些书本知识就会是僵死的、呆滞的，不能自主地建构出个体的知识。况且，学生也需要经常自我反思，这样他们才能善于管理、评价和改进自己的学习和思考。

当然，在最后这个环节里也还要包括课后作业的布置。课后作业对于学生的成长来说是非常必要的。给学生布置怎样的课后作业,是需要认真研究的。"教师也不要给学生布置太简单、太容易的作业。太容易的作业不仅会使比较聪明的学生觉得枯燥乏味或引起捣鬼行为,也没能给不太聪明的学生提供克服以前失败以及发展解决问题的技能的机会。"①

西方学者艾普汀(Eptein)确定了 10 个布置家庭作业的原因,她称之为家庭作业的十大目的(10Ps):

练习(Practice)——速度,掌握并保持技能;

准备(preparation)——作好下一堂课的准备,完成课堂活动和作业;

参与(participation)——每个学生参与学习活动的积极性,体会学习的乐趣;

个人进步(personal development)——学生的责任感,培养毅力和支配时间的能力,培养自信心和成就感,开发并认可学生在课堂上不能学到的知识和技能,扩大并丰富活动;

学间的交流(peer interaction)——学生共同协力完成作业和学习计划,激励他们互相学习;

家长—子女关系(parent-child relation)——以学习的重要性为出发点建立家长—子女关系,证明学生在学校学习的知识在真实生活和经历中的运用,提高家长对学生学习进展情况的意识和帮助支持;

家长—教师之间的交流(parent-teacher communication)——教师能够让家长了解并参与学生的课堂活动,同时,让家长了解自己子女学习的课程以及进展情况;

与社会的联系(public relation)——向社会证明学校是一个严肃认真的学习场所,包括家庭作业,同时,可以把与社会进行

① Thomas L. Good 和 Jere E. Brophy:《透视课堂》,陶志琼、王凤凰、邓晓芳等译,中国轻工业出版社,2002 年 1 月第 1 版,第 177 页

有效交流规定为有关学生—社区关系的家庭作业；

执行政策(policy)——执行区或学校教育领导管理者制定的政策规定,完成规定的每天或每周的作业量；

惩罚(punishment)——纠正行为中或效率方面存在的问题。

课外作业的意义是多方面的,并不是可有可无的,作业应该是教师精心准备的送给学生的礼物。

6 "理解"的前因后果

　　"理解"一词,在我们的教育表达中是十分常用的。比如老师对学生说:"你理解了吗?""你是如何理解'人是文化的载体'这个命题的?""你理解起来有什么困难吗?"人们对于世界的理解,并不同于电脑对于信息的加工。人对于事情的理解受制于许多的因素。理解并不是某种纯粹的智力活动,而是完整的人的心智活动,包括心灵的——自我审思、叩问心灵,也包括智力的——回忆、推理、判断、想象等等。

　　正如我国学者殷鼎先生所指出的那样:"理解弥漫于人的一切活动中——解释、应用、探索、情感、行为等,语言的解释也成为人的生活形式。理解不再被视为一种精神主体的活动,它成为人生的发生进行过程。理解、解释、应用同是这一存在过程中的各个时刻。从这种本体论意义上的存在的角度透视理解、解释、应用三者的关系,理解、解释、应用都是要把原先不属于人的自我理解范围内的陌生之域,在理解中占据为己有,拓展扩大了人生的疆域。生活就是一种不同的解释活动,理解转动着解释之轮,留下人走在自我理解之途上的意义之辙。"①一个人鉴

---

　　① 殷鼎:《理解的命运》,生活·读书·新知三联出版社,1988 年版,第 101 ~ 102 页

赏力和洞察力都源于深厚的理解能力。

罗伯特·凯根认为,"自我是在个体采择社会意义和生活意义的过程中得到发展的。人是一个意义采择者,这里的意义既可以是个体对自己的认识、对他人的认识以及对我他关系的认识,又可以是对过去经验的组织、对当前环境的理解以及对未来发展的预期等。自我的发展就是不断告别旧意义而采择新意义的过程"。① 理解是社会向个体内化的基本途径,是个体参与文化交流和发展的重要方式。

理解作为认识活动的一个必要环节,也有自身运动的规律。理解之所以可能还因为人的"前理解"的存在。按照海德格尔的说法,没有什么认识是没有前提条件的。所有的理解都以先前的掌握,以一种作为整体的前理解为前提。由于前概念总是在限定着我们的认识,所以要压制每一个理解的"主观"决定因素是不可能的。②

"前理解"是主体在以往的理解中所获得的知识、观点、思维方法以及逐步地积累形成的文化心理结构等。它是解释者与文本发生联系的中介。理解不是被动的接受能力,而是主体在"前理解"的中介作用下对文本世界的能动的重构。借助于"前理解",主体把自己纳入历史过程的生成关系和作用关系之中。"前理解"深度和广度决定了主体对作品世界展开的深度和广度。"前理解"的偏狭性和贫乏性才是造成理解的主观性和任意性的重要根源。丰富、扩展、深化"前理解"是达到理解的"客观性"的基本途径。我们理解一个命题,这就存在着部分(命题构成的语言单位)与整体是以一种循环的方式相联系的;为了

---

① 罗伯特·凯根:《发展的自我》,浙江教育出版社,1999 年版,第 25 页
② [美]D. C. 霍埃:《批评的循环》,兰金仁译,辽宁人民出版社,1987 年版,第 5 页

理解整体,则必须理解其部分;而在理解其部分的同时,又有必要对整体有所领悟。

在理解之中,人展开了自己与历史的联系。语言是服务于人的存在,它使人成为历史的存在,也使人进入历史。一方面,历史向人敞开,通过语言,人理解历史、解释历史,使人在活生生的历史长河中把握过去、展望未来;另一方面,人也向历史敞开,通过理解历史和传统,人丰富了自己,提高了自己,从而创造历史。在一定意义上说,历史、传统不仅是规定主体的先决条件,而且还由于主体的理解而被创造出来。人在理解历史和传统的过程中也规定了历史和传统。理解历史、语言、文本从根本上说又是理解自己。

"理解"既是一种对人的态度,又是一种认识的方式(思维方式),要求从学习者的角度思考他们的语言、思想、情感和行为。有人称之谓"移情性理解",即"教师在考察学生时,并不是用主观预想的框框看待对方,而是以同情的态度体验学生本身的所感所想,达到理解的方法。教师在这种移情性的理解中设身处地地理解学生的内心世界、学生的情感和想法"①。

"人格获得的力量和深度越大,理性获得的自由越多,人就可以更多地理解世界,他在自身之外就可以创造更多的形式。因此,人的教养就在于:一方面使人的感受功能与世界有更多的接触,从而在情感方面使受动性得到充分发挥;另一方面使特定功能保持对感受能力的最大独立性,并在理性方面使能动性得到充分发展。只要这两种特性结合起来,人就会兼有最丰满的存在和最高度的独立与自由,他自己就不会失去世界,而是以其现象的全部无限性将世界纳入到自身之中,并使之服从于他的

---

① 大正桥夫:《教育心理学》,钟启泉译,上海教育出版社,1980年版,第96页

理性的统一体。"①理解是人对于世界的嵌入和自我精神力量的确证与表征。

后现代主义认为每一事物都是一个文本,认为文本的表现形态是多种多样的。美国哲学家波林·罗斯诺指出:"一切事物,包括一次生活经历,一场战争,一次革命,一次政党集会,选举,人际关系,度假,理发,购车,谋职,等等,都是一个文本。甚至演说也具有文本的地位(一个口头文本)。"②

哲学诠释学认为,理解不是主体的一次性行为,而是一个文本和"理解者的前结构"或"偏见"之间的不断互动的过程。每一次理解都是一次意义生成。伽达默尔(Hans-Georg Gadamer)曾经说过:"对文本或艺术品真正意义的发现是没有止境的,这实际上是一个无限的过程,不仅新的误解被不断克服,其真义得以从遮蔽它的那些事情中敞亮,而且新的理解也不断涌现,并揭示出全新的意义。"所谓"先见",在海德格尔(M. Heideggel)看来,"原不过是解释者的不言自明、无可争议的先人之见"③。伽达默尔则进一步指出,"先见"是理解的前提,是解释者认识事物的基础。

"只要人在理解,理解便会不同。除非迫于政治或宗教方面的压力而哑口无声,人只要思想着,理解着,就会出现'百家争鸣'的思想状态。'百家争鸣',不是允许或由开明政治赐予的问题,它是历史中的人在理解时所必然要发生的事实,一种思想的事实。理解总是多元的。"(殷鼎:《理解的命运》,第125页)理解的首要价值在于理解本身,理解事物的过程本身,它抗拒着心智的荒芜和懈怠。

---

① 席勒:《美育书简》,徐恒醇译,中国文联出版公司,1984年版,第80页
② 波林·罗斯诺:《后现代主义与社会科学》,上海译文出版社,1998年版,第50页
③ 海德格尔:《存在与时间》,陈嘉映译,北京三联书店,1987年版,第184页

加拿大著名后结构主义教育家史密斯（David G. Smith）教授认为，"自我理解的真正提高是四重行为的不断递进：向他人开放；与他人交流；某种包含自我更新意味的自我反省；重新与他人交流"。[①] "只有理解才能使课程和知识与学生的人生历程与经验真正联系起来。理解是从人生已有的生活经验和精神世界出发的。它建立的是一种整体的涉及经验与精神世界的整体关系，它所理解的内容最终被纳入人生经验与精神世界的整体之中，从而对个体的人生与经验起到新的意义重建。因此，通过理解，使学生建构自身与教育的整体的意义关系。"[②]任何理解的过程都是自我的精神世界与文本的双向建构的过程，我们的内心世界愈丰富，对于文本的解读就愈丰富。

---

　　① 史密斯：《全球化与后现代教育学》，郭洋生译，教育科学出版社，2000 年版，第 204 页

　　② 阿尔费赖德·怀海特：《思想方式》，李红译，华夏出版社，1991 年版，第 1 页

　　我们将有教师同行参与观摩的课称为公开课,而将按照学校教学计划在教室中仅仅面对学生所进行的教学称为常规课。二者的共同之处在于:都要引领学生分享人类已有的认识成就,都要促进学生的自主学习,都要帮助学生获得全面成长。

　　公开课与常规课之间的一个重要区别就是:由于学生意识到公开课是在特定的情境下进行的,所以潜意识中收敛了自己一些诸如开小差等不良行为。而在常规课中,课堂管理是教师课堂行为非常重要的一个方面。在公开课上,特别是当学生得知今天要来给他们上课的是一位非常有名望的老师,他们就会异常兴奋,他们表现的欲望就会被激发出来,学生因此变得异常活跃,课堂因此变得异常热闹。

　　公开课与常规课另一个重要区别是:公开课的教学主题教师是可以自主选择的,可以选择自己擅长的、更有课堂表现空间的学习主题。正因为这个原因,有的名师一节课"上"遍全国,就不足为奇了。但在常规课上,你擅长不擅长的,喜欢不喜欢的都得教,很少有选择的余地。

　　有人把公开课比喻为 T 型台上的时装秀,很是贴切。我们不能将时装表演的服饰带到日常生活、现实社会中来,但时装表演中服饰的款式、面料、色彩却可以引领时尚。T 型台上的时装秀是服饰时尚的体现者、制造者、引领者和推动者。

公开课受到非议的一个重要原因是它的表演性。公开课中有表演的成分，或者说得刻薄一点，有作假的成分，这可能是公开课的天然要素。因为这表演中就包含着要倡导的观念和行为——只有他（她）觉得好的、有效的、有价值的，他（她）才会努力去追求。理想总是高于而且先于现实（即日常的课堂）而存在，公开课总是要体现理想追求，上公开课的教师总是要把自己最美好的一面展示出来。只是由于有的上公开课的教师自我修养还没有达到应有的境界，有时就难免让人感觉不那么对劲。

但我们不能因此否认公开课的价值。公开课可以起到示范、观摩的作用，可以为教师培训提供鲜活的教学案例，可以发现和培养教学新秀，可以展示教学探索的成果，可以为上公开课的教师的自我反思提供镜鉴和契机等。

我曾经在深圳、顺德、福州、厦门、石家庄、赤峰等城市上过公开课，学科包括"语文"、"品德与生活"、"历史"、"思想政治"，教学对象既有小学生，也有初中生和高中生。优秀教师黄瑞夷著文《有灵魂的教学》①，对我的教学给予了评析和鼓励。

我上公开课有如下几点体会：首先，课堂教学不仅应该是有效率和效益的，而且应该是有灵魂的——我们需要自觉地给予学生怎样的影响？这就需要教师充分发掘教材内容，并自觉地给予学生以富有高度的引领。其次，教学中要有一些必要的环节，比如一节课结束前五六分钟的回顾与分享，每一门课程的教学，特别是一些主题的教学，还是有一些成熟的教学模式的。第三，真正好的公开课是不太具有观赏性的，上好任何一节课，包括常规课，重要的是要设计出一个有思考空间的、能够引导整个

---

① 参见张文质、肖川、黄旭主编：《生命化教育探索丛书》，黄瑞夷：《作文教学的趣味与境界》，福建教育出版社，2006年第1版，第222～224页

教学进程的问题。

　　我所设计的"优秀教师与教育专家合作论坛"的教师培训活动共有五个环节:首先就是教学观摩,依次为自我反思、专家点评、学术报告、现场对话。这是一种多方互动的教师培训的方式。论坛是为了"宣传课程改革的精神,探索有效教学的途径,架设理论与实践的桥梁,服务于教师的成长"而创办的。五个环节,可以用一天的时间,也可以用一天半或两天。这是一种活动,一种探索,一种分享,一个机会。合作论坛坚持以"公益性、探索性、互动性"为活动宗旨,服务于中国的教育事业。我坚信:成就名师就是成就希望。

8　解读"朱子读书法"

朱熹（1130—1200）字元晦，是我国南宋时期很有影响的理学家，也是一位杰出的教育家。他吸收前人的经验，总结自己的经验，对于如何教人读书，提出过不少有益的见解，对后世的影响也很大。他去世后不久，他的弟子们把他的意见归纳为"朱子读书法"六条：循序渐进、熟读精思、虚心涵泳、切己体察、着紧用力、居敬持志。对此，学者们多有阐发。只因为到今天，"朱子读书法"对于我们如何有效地学习，特别是如何有效地通过阅读来建构知识，仍然有着重要的借鉴意义。

（1）循序渐进。朱熹主张读书要根据自己的能力，由易到难，讲究次第，扎扎实实，步步为营。"读书之法，当循序而有常。"（《学规类编》）他说："以二书（指《论语》、《孟子》）言之，则通一书而后及一书。以一书言之，篇、章、文、句首尾次第，亦各有序而不可乱也。量力所至而谨守之，字求其训，句索其旨。未得乎前，则不敢求乎后；未通乎此，则不敢志乎彼。"朱熹告诫人们：读书不要急于求成，应按照一定的顺序进行。这个顺序是：第一，先读基础的、容易把握的书。第二，读完一本，再读另一本。第三，从字句、章节、篇章依次读起，把前面的弄懂后，再继续读下去。

（2）熟读精思。读书必须记得背得，仔细推敲、琢磨其意。

"大抵读书,先须熟读,使其言皆若出之于吾之口;继之精思,使其意旨皆若出之于吾之心,然后可以有得耳。"(《朱子大全·读书之要》)所谓诵读,就是要求在初步理解的基础上,用朗读的方法,反复熟读课文,逐步加深理解,直到可以背诵。熟读成诵,使学习内容烂熟于胸,这在人的成长、精神发育的一定阶段是非常必要的。比较经典的著作还需要反复读,读一遍与读十遍,收获自然是不同的。读书时还要有怀疑精神,要在人无疑处提出问题方算有功夫。

(3)虚心涵泳。读书需要虚心,不要因已形成的思想观点而影响对所读之书内容的掌握,把"圣贤言语来凑他的意思,其有不合,使穿凿之使合",是没有好处的。即不要带着自己的看法去读书,避免先入为主。应当仔细体会书中的意思,要自己的思路随着书中的意思走。遇到同一个问题的不同说法时,应平心静气地玩味,不要匆匆下结论。

(4)切己体察。读书时,要切身体会书中所讲的一切。比如书中记述好人好事,则将自己的所作所为与之对比,无则加勉。"读书穷理当体之于身……读书不可只就纸上求理义,须反来就自身上推究。"(《朱子语类》)经过一番将心比心、推己及人、设身处地的移情性的理解,对于他人的经验就会有更好的理解、接受和共鸣。

(5)着紧用力。这点有两层含义:首先是读书需要围绕一定的目标,坚持不懈地努力。没有取舍,就没有重点;没有重点,就没有主攻方向;没有主攻方向,就没有自己独特的知识结构和优势。其次是读书的过程必须"宽着期限,紧着课程。……如撑上水船,一篙不可以缓"。"余尝谓读书有三到,谓心到、眼到、口到。心不在此,则眼不看仔细。心眼即不专一,却只漫浪诵读,决不能记。记,亦不能久也。三到之法,心到最急。心既到矣,眼口岂不能到乎?"(《童蒙须知》、《五种一归》)读书不可漫不经心、游手好闲,而需心无旁骛、专心致志。

(6)居敬持志。读书时须保持良好的精神状态,要保持一种恭谨的心态,做到心正、意诚,而且能立志专一。朱熹说:"须要养得虚明专静,使道理从里面流出来方好。"又说:"立志不定,如何读书。"当一个人有比较高的自我期许时,不仅会有更为强劲的内驱力,也会有更为高远的眼界、更为宽广的胸怀和更为明确的努力目标。所以,读书要有卓越的成效,就需要立定志向,树立远大目标。

朱熹的读书方法,不失为经验之谈,也不乏其合理因素。尽管学习方法不是万能的,更不是第一位的,也因人而异,因学习的知识类型而异,但共性总是包含在个性之中,每一个人的经验也就包含着一些具有普遍指导意义的因素,学习和借鉴是不无好处的。

朱熹的局限也是中国古代思想家普遍存在的局限,那就是怀疑精神不足,对于古圣先贤过分迷信。笛卡儿曾说过,一个人一生总得有一次把自己从小当做无可置疑的一切东西全部从脑子里清除出去,然后再重新开始寻找真正可靠的安身立命之所。一个精神自我的真正诞生一定是要经受精神的断乳期的痛苦历炼的。

　　我对于世界文明史,有着近乎痴迷的热爱。我总希望能够简约地勾画出人类文明进步的轨迹。在文化和历史的背景中思考问题,我们姑且称之为历史意识和情境意识。因为任何问题都不会是空穴来风,都不会是无源之水、无本之木,必定与诸多因素相互关联着。

　　有人说,怀旧是一种时髦病,又有人说是世纪病。可我并不这样看。对于过往的追忆与感怀,是人类精神生活的常态。不只是怀旧,而是自觉洞察人类文明的进程,这当是一件具有十分重要的智力价值和精神愉悦的事情,特别是它有助于我们形成自我与人类之间的丰富而深厚的联系,因为,"各个个人的世界历史性的存在就意味着他们的存在是与世界历史直接联系的"(马克思)。

　　法国"年鉴学派"和"新史学"的学术大师费尔南德·布罗代尔(Fernand Braudel 1902—1985)认为"总体史"应揭示历史过程的三个互相关联的方面:首先是历史运动的纵深性、层次性和阶梯性,即历史运动存在着几个内在层次;其次是作为纵深的历史运动的存在形式之一的统一的社会时间;第三是只有同时从时间和空间这两个方面来观察历史过程及其运动,把社会现象同其占有的特定时间和空间联系起来,才能认识人类的历史。

布罗代尔的成名之作《腓力二世时代的地中海和地中海世界》及其另一部代表作《15—18 世纪的物质文明、经济和资本主义》，描述和分析的就是一个世界体系在"长时段"内的发生和发展的不同层面空间和时间运动。

　　几乎所有的文明中，都有一些共同的要素，诸如诗词、歌舞、美术、神话、图腾崇拜、节日和礼仪，甚至包括酒，这些大概都是源于共同的人性。可"文明冲突"自古以来就时有发生。"文明冲突"是文明发展演进的动力。历史上每一次文明冲突的结果往往是形成文明共存与进一步的融合，而每一次经过文明共存与融合产生的新的文明又会孕育着更为深刻的文明冲突。文明共存是融合各种文明不同的特质，扬弃不合时宜的文明，形成多样化的新的文明体系。文明共存中必然有文明的冲突，文明的冲突中包含着文明的共存和融合。文明在产生同一性的同时必将产生多元性，两者密不可分并互为前提，是辩证统一在一起的。文明冲突和文明共存引发世界文明的变迁、演进、发展和多样化，不同文明在交融中发生碰撞而走向整合。

　　让人怀念是人们对其身后的一种向往，这其中又有着对永恒的追求。历史上许多人都希翼长生不老，权贵们建造豪华气派、坚如城堡的陵墓的努力，也是为了追求永恒。徐州龟山楚襄王刘注的陵寝就至少耗费了几百人十多年的汗水、心血以至生命。由此可见专制统治者的血腥、残酷、自私，这也是专制者罪恶的见证。按照弗洛伊德的观点，文明的进步是以对人的本能欲望的限制为条件的，权力的制衡就与此有关。

　　千古兴亡多少事，可都是实实在在地存在着的，任凭人们的品评。历史上那些为人类文明的积淀留下宝贵财富的人们，尽管我们不知道他们的尸骨何在，但他们分明活在我们的心中。陶潜守拙的向往，李白无奈的豪放，杜甫落寞中的感伤，苏轼出世中的入世，辛稼轩勇武里的细腻，李清照凄苦中的优雅，南唐后主富贵后的哀怨……人不只是生活在当下，而是生活在过去、现在与未来。过去，是整个人类的过去，自己民族的过去和自我的过去，它留存在我们的记忆里，留存在文字里，留存在历史的遗迹里。让我们的后人，以崇仰的心情谈论我们，正如我们今天谈论梁启超、章太炎、鲁迅、闻一多、钱玄同、朱自清、陈寅恪、林语堂、梁实秋……

10 真诚　深刻　丰富
——评闫学老师执教的《冬阳·童年·骆驼队》

　　一堂好课应该具备三个要素：真诚，深刻，丰富。所谓真诚，就是你讲的一切，与学生分享的一切，你都有切肤之感，一切都像是从你内心世界里流溢出来的。所谓深刻，当然是相对的，是针对学生已有的知识水平而言的。教学的深刻就体现在能够引起学生思维的警觉，带给学生理智的挑战，引发学生认知的冲突，唤起学生的惊异感和想象力。所谓丰富就是指课堂有意义的信息以及表现形式多种多样，没有单调、贫乏、空洞和苍白之感。为了创造丰富的课堂，我们要创造一个博大的、光明的精神氛围，让学生的心灵荡漾其中。教师对学习的主题要有非常丰富的个性化的理解，这就需要教师有丰富的学识积累，对学生产生广泛的影响，用你非常细腻的个性化的真诚的理解。我听过很多老师的课都感觉不具备这三个要素，当然，这其中的原因可能是多方面的。

　　令人欣慰的是，闫学老师执教的《冬阳·童年·骆驼队》一课使我看到了真诚、深刻而丰富的课堂。

　　在这节课上，我看到了真诚的师生对话。文章中有一个有趣的情节：童年的林海音站在骆驼面前，看骆驼吃草料咀嚼的样子，看着看着，不禁入了神，自己的牙齿也动了起来。学生对这个情节很感兴趣，闫老师就带领学生透过文字想象当时作者可爱的情态，自由发表内心的感受。这时，闫老师话锋一转，巧妙融入了学生的对话之中——

"忘记了周围的一切，觉得自己就是那头骆驼，所以自己的牙齿也动起来了。这一切让童年的林海音都看得呆了。可是当我读到这里的时候——我也见过骆驼，闫老师就觉得看骆驼咀嚼没什么意思，挺平常的事儿嘛!"

师生就此展开了一番真诚的对话。这样的师生对话让我们想起了美国课程论专家小威廉姆·E.多尔的观点:"作为平等中的首席，教师的作用没有被抛弃，而是得以重新构建，从外在于学生情境转化为与这一情境共存。权威也转入情境之中。……在情境性框架之中，施瓦布的'地方性事务状态'里，教师是内在于情境的领导者，而不是外在的专制者(无论多么仁慈)。"[①]在闫老师的课堂上，教师真正作为平等中的首席融入了课堂情境，成为"内在于情境的领导者"，而非"外在的专制者"。在师生真诚的对话过程中，学生进一步领悟到"学骆驼咀嚼"背后所蕴涵的那份童真、童心、童趣，而这些都随着时光的流逝一去不复返。

在这节课上，有过多次这种真诚的师生对话。师生心灵的舒展、思想的灵动，又使课堂变得深刻而丰富。

文章中有一个细节，描写童年的林海音和爸爸讨论骆驼脖子上的铃铛是干什么的。童年的浪漫与诗意，成人世界的现实与理性，在这样的描述中形成了鲜明的对比。闫老师提出了一个问题:"如果这时有人问你，骆驼脖子上的铃铛是干什么的，你打算怎样回答?"一石激起千层浪，学生基本分成了三大阵营:有的认可林海音的想法,有的认可爸爸的想法,还有的另有各种创造性的见解。在这个环节中,教师的设问引起了学生思维的警觉,孩子们表现了惊人的想象力和创造性,认知的冲突、理智的挑战在这样的对话中得到了淋漓尽致的展现。闫老师没有简单地判断谁对谁错,孰优孰劣,而是祝贺每一个孩子——

"我很高兴刚才很多同学觉得这骆驼脖子上的铃铛就是为了增加情趣,这说明在你们的眼睛里,一切还是那么美好,那么充满诗意,为你们还拥有这一份诗意的眼光,我要祝贺你们!刚才很多同学也用现实的眼光来看待骆驼脖子上的铃铛,比较同意爸爸的想法,这说明你们已经开始学会用现实的眼光来看待生活的一切了,你们在逐渐地长大。人总需要长大,为你们的逐渐长大,我也要祝贺你们!"

可贵的是,课堂挖掘到这一步并没有停止。闫老师在引导学生展开了充分的思考后,通过简单的小结把课堂引向了深入——"现实的答案虽然是正确的,但往往不那么完美,而完美的答案却往往不那么现实,我们的现实世界就是这么充满矛盾。"

看似深奥的道理就这样被层层剥开。我们说要营造深刻的课堂,并不是要把某个深刻的道理"告诉"孩子,而是要研究如何在孩子已有的认知水平上使他们能够水到渠成地领悟和理解。我以为,闫老师的课堂做到了这一点。

一堂好课除了真诚的情愫与深刻的感悟,还应该给学生提供无限的空间,使课堂阔大、丰满,展现多种可能性,在学生面前开启一扇扇窗,让心灵自由地放飞,这就是课堂的"丰富"。闫老师就是开启这一扇扇窗的人。

课刚开始,闫老师请学生讲讲自己小时候做过的最有意思的事。由于是非常熟悉和感兴趣的话题,学生争相发言,记忆的闸门一下子打开了。在此基础上,闫老师巧妙地过渡到林海音的童年,请学生通过题目中的三个词——"冬阳"、"童年"、"骆驼队"想象画面。学生展开了想象的翅膀,在生动的语言描述中,一幅幅画面色彩斑斓,精彩纷呈。这个环节,引导学生从走进自己童年的记忆,到走进作者童年的记忆,从而自然地过渡到文本,学生的思维始终是开放的、自由的、灵动的。

在感悟童年时的林海音"总是问,总是问"这一点时,闫老师放手让学生想象作者可能会提哪些问题。爱问是孩子的天性,他们的思维被充分调动起来了:有的问题基于文本,有的问题基于设想,问题竟有十几个之多。在很多名师的公开课上,我们已经很少见到这样的情景了。不愿让学生问抑或不敢让学生问,已经成为许多课堂单薄、封闭的主要原因之一。

这节课的丰富还不止于此。比如,闫老师试图引导学生理解成年林海音的感受,让学生通过课堂写作练习来表达;为学生展示小说《城南旧事》的片段,推荐《城南旧事》这部同名电影;师生共同深情诵读闫老师的诗作《童年,心灵的故乡》……这些不仅让我们看到了闫老师丰富的学识积累,更看到了学生是如何在教师的引导下,真正领悟了作者心中那份淡淡的感伤与深深的怀念,正如闫老师所说——"品读此文,我们就像是在静静地品尝一杯淡淡的清茶,又像是在欣赏一朵素雅的小花。我们在感受到童心、童真、童趣的同时,也感受到了那份蕴藏在字里行间的深情。"

我想,品读此课,我们的感觉亦如此。

11 我反对少儿读经

现在全国已有六十多个城市、五百万家庭的少年儿童参与诵读儒家经典。一个呼唤自由民主、法治人权的年代，让孩子去读充满着生僻字眼和晦涩语句的"四书五经"，到底有没有价值？读经能不能读出一个道德的中国？这从中国历史中是不难找到答案的。历朝历代，什么时候不是贪污成风、政由贿成？以至于历史学家吴晗（1909—1969）感叹：中国历史就是一部充斥着贪污的历史。远的不说，就说末代皇帝溥仪。他总该是饱读经书的吧，可他为了一己之私欲，不仅置民族大义于不顾，认贼作父，为虎作伥，而且连个人的人格尊严都不讲，干下许多令人不齿的事情，这难道还不足以说明读经的无用吗?!

在上个世纪初，就有过"尊孔读经"的闹剧。北洋军阀段祺瑞政府的教育总长章士钊（1881—1973）1925 年 9 月提出"读经救国"的口号，11 月，又在教育部部务会议上通过决议，强令全国小学生四年级至高小毕业止，每周都要安排一小时读经。章士钊的倒行逆施，激起了文化界有识之士的强烈不满。鲁迅的《十四年的"读经"》（"十四年"指民国十四年，即 1925 年），严厉批判了章士钊"读经救国"、鼓吹少儿读经的谬论。鲁迅说：尊孔、崇儒、读经、复古，由来已经很久了。皇帝和大臣们，向来总要取其一端，或者"以孝治天下"，或者"以忠召天下"，而且又

"以贞节励天下"（《十四年的"读经"》）。不错，孔夫子曾经计划过出色的治国的方法，但那都是为了治民众者，即权势者设想的方法，为民众本身的，却一点也没有。这就是"礼不下庶人"（《在现代中国的孔夫子》）。

1937年7月，胡适先生在庐山谈话时就多次说过，教育应该独立，其含义有三："①现任官吏不得做公私立大学校长、董事长，更不得滥用政治势力以国家公款津贴所长的学校。②政治势力不得侵入教育。中小学校长的选择与中小学教员的任聘，皆不得受某一政治势力的影响。③中央应禁止无知疆吏用他的偏见干涉教育，如提倡小学读经之类。"在胡适先生看来，只有无知的人才会提倡儿童读经。在新文化运动中极力鼓吹解放儿童的周作人也明确指出："我们反对古文，大半原为他晦涩难解，养成国民笼统的心思，使得表现力与理解力都不发达。"①

先哲之言仍犹在耳。历史的经验也值得注意。两千多年的中国古代教育就是让尚不懂世事的孩子去读"四书五经"，生吞活剥，甚至死记硬背，使学生养成不求甚解、盲从权威的学风。这种教育培养出来的思维方式严重地阻碍着实证科学的发展，阻碍着科学精神的养成，是中国传统文化的严重缺陷。陶行知先生更是对于这种"死"的教育提出了严厉的批评："先生教死书，死教书，教书死；学生是读死书，死读书，读书死。"②

在当下，主张读经的人中，各自的动机是不一样的。我不排除有严谨的学者，出于良好的愿望来推动"读经"运动——让学生充分学习吸收中华民族优秀的传统文化，积淀深厚的文化底蕴，以此抵制现代流行的泡沫文化，并进而让我们的孩子成为民

① 周作人：《思想革命》，老品编：《二十世纪中国学术散文精品·奠基者卷》（上册），中央编译出版社，1996年第1版，第69页

② 董宝良主编：《陶行知教育论著选》，人民教育出版社，1991年版，第395页

族文化的受益者和传播者。但也有个别人是为了自己的名与利，故意在污泥浊水中兴风作浪。说某些"读经"运动的推波助澜者是欺世盗名、以牟私利恐怕是没有冤屈他们的。

现在有人鼓吹："现在中国人在生命、社会、政治等很多方面都存在问题，而复兴儒学，可以解决以下七个方面的问题。第一，安顿中国人的个体生命；第二，重建中国人的社会道德；第三，重塑中华民族的民族精神；第四，重建中国人的希望；第五，重建中国政治的合法性；第六，建立具有中国文化特色的政治制度；第七，奠定在中国现代化进程中的道德基础。"这简直就是痴人说梦，纯粹的无稽之谈。"读经"运动的沉滓泛起与这种错误认识恐怕不无关系。

我们今天的教育不是要培养什么圣贤，而是要培养具有民主性格的公民。我们必须清醒地意识到圣贤意识是与王道意识、救世主意识，与特权意识有着千丝万缕的联系的，是人治社会的心理基础。这正是我们在建设一个民主与自由的社会的努力中要极力消解的。翻开"四书五经"，无处不充斥着"君君、臣臣、父父、子子"的尊卑等级观念，字里行间总离不开对"人治"的推崇和褒扬，其中所隐含的奴性文化，只能使人的思想僵化麻木。而这些正是和我们当今大力倡导的"政治文明"与"依法治国"理念背道而驰的！

"经"的意思就是恒常的正道，不变的法则。所谓"经学"，正是圣人崇拜的一个产物。在自古以来中国人的传统观念中，学习就是读书，而读书就是读圣贤书。书中的话，都是圣贤之言，是不能逾越，更不容质疑的。学习的方法，则是恭读、背诵书中的被视为金科玉律的教条并用它们去规范自己和他人的一切思想与行为。结果培养出来的人基本上都是一些唯命是从、仰人鼻息的奴才，而少有具有创造力和开拓精神的探索者。

很显然，"四书五经"的内容很多都已过时，缺乏时代感，不符合现代社会文化发展的方向，更缺乏民主政治的意识，特别是脱离现在学生的生活经验，让学生生吞活剥、囫囵吞枣地记忆，只能造成学生学习与生命的浪费。"如果教育仅仅被弄成由被动、有依赖性的学生去对以往的人类成就做某种无益的复诵，那么，教育几乎就失去了意义。"①教育的价值是解放学生的头脑，而不是封闭学生的头脑。

基于以上认识，我反对读经。我想大声疾呼：少儿读经，可以休矣。

---

① 莱·克莱登:《课程与文化》,大连理工大学出版社,1992年版,第2页